신정치란 무엇인가

신정치란 무엇인가

1판 1쇄 발행 / 2018년 6월 10일
1판 1쇄 인쇄 / 2018년 6월 10일

지은이 / 박용수
편집 주간 / 임석래
편집 기획 / 김원석
편집 디자인 / 정은영

펴낸이 / 김영길
펴낸곳 / 도서출판 선영사
주 소 / 서울시 마포구 서교동 485-14 영진빌딩 선영사
TEL / (02)338—8231~2 FAX / (02)338—8233
E—mail / sunyoungsa@hanmail.net

등 록 / 1983년 6월 29일 (제02—01—51호)

ISBN 978—89—7558—061—1 03130

· 잘못된 책은 바꾸어 드립니다.

신정치란 무엇인가

박 용 수 지음

도서출판 선영사

서문

　이 책은 신정치인을 위한 책이다. 그러므로 구정치인에게는 큰 도움이 되지 않는다. 그들에게는 체질적으로 거부반응이 나타날 것이다. '영혼의 황금조끼'를 걸치는 정치만을 보고 배워왔기 때문이다. 그 황금조끼는 몸에 몰딩되듯 붙어 있어 벗기가 거의 불가능하다. 자본주의적 환경 속에서 우리네 삶의 과정이 그러했고 성공자들은 더욱 두껍게 몰딩되어 있기 때문이다. 그러나 본인들은 그런 조끼를 입지 않았다고 확신하고 있다. 스스로가 모르고 있는 것이다. 오히려 황금조끼를 입기 위해 투자한 성실과 열정과 용기에 대한 자부심으로 가득하다. 특히 황금조끼를 걸치고 있는 자는 다른 사람들이 입고 있는 황금조끼가 보이지 않는다. 그리하여 그들(사회갈등과 양극화의 주범들)을 따르고 존경하며 함께 황금조끼의 사회를 꿈꾼다. 왜 그렇게 되었을까? 너무나 간명하다. 그들의 절대다수는 청년시절부터 정치를 꼭 하겠다는 마음을 지니고 있지 않았다. 부지런하고 똑똑한 자들이어서 사업에 크게 성공하여 부자가 되었거나, 부모의 재산상속으로 갑부가 되었거나, 공직을 하면서 출세했거나, 법조인, 연예인, 스포츠인, 문학인으로서 성공한 후 2차적 성공지대로 정치를 꿈꾸는 자들이었다. 여기에 문제가 숨겨져 있다. 그들에게 숙달된 성공비법이 신정치의 성공비법과는 서로 대척점에 있다는 것을 전혀 모르고 있는 것이다. 그러기에 자신이 이룬 사회적 성공 노하우를 정치적 성공까지 연결시키려는 모순에 빠져 있는 것이다. 구체적으로 말하면 이렇다. 자신의 부를 축적하거나 개인의 명예를 우선하는 것이 성공이라 생각하고 살아왔지만 신정치적 성공은 자신의 과도한 재산부터 나눌 수 있는 진정한 정의와 자신의 명예는 뒷전에 두는 삶을 기본으로 해야 한다는 것이다. 그들은 '국회의원을 하면 그 집안의 경사요 명예다.'라는 상식에 빠져 있지만 신정치인은 '국민으로부터 진정으로 신뢰받는'이라는 접두어가 붙지 않으면 정치를 거부한다. 신정치의 개념은 도인이나 철인의 정치가 아니며 '깨어 있는 서민들의 의식'이 주도하는 정치다.

우리 민족은 대단한 재능을 가지고 있다.

전쟁의 폐허에서 최단시간에 한강의 기적을 이루었고 세계적인 기업들과 어깨를 나란히 겨루며 양궁, 쇼트랙, 골프 등 스포츠분야도 세계적 수준이다.

이제는 가장 아름답고 멋진 민주주의도 꽃 피워야 한다.

이를 위해 서민성과 진정성을 바탕으로 한 '디테일 신정치론'으로 정치와 사회를 제도적으로 개혁해야 한다. 그리하여 다른 국가들이 부러워하고 배우려 하는 정치선진국으로 우뚝 솟아야 한다.

우리 민족은 할 수 있다.

신정치인이 반드시 필요한 이유다.

Contents

Section 05 신정치와 정치축제

Section 06 신정치인이 가장 행복한 이유

Section

01

신정치와 진정성의 관계

001

신정치와 진정성의 관계

'신정치'라는 용어가 정치무대에서는 심심풀이 땅콩이다. 뭔가 갑갑하고 안 풀리면 구정치인도 정치신인도 신정치를 하겠다고 난리법석이다. 신정치와 구정치의 명백한 차이를 모르기에 국민들에게 이해시키지도 못하면 노래만 부르고 있는 것이다. 그들은 진정 신정치를 깊이 생각해 봤을까? 절대 그럴 리가 없다. 그들의 언행을 면밀히 살펴보면 '정치가 이젠 바뀌겠구나'하는 생각이 전혀 들지 않기 때문이다. 국민들은 기존의 정치인이나 정치신인이나 도찐개찐이며 둘 다 정치꾼에 불과하다고 생각하고 있는 이유도 바로 여기에 있다.

그렇다면 신정치란 무엇일까? 사전에도 그 정의가 없고 그 개념조차 모호하다. 아무리 인터넷을 쳐봐도 신정치에 대한 구체적인 내용이나 토론도 없다. 기존의 정치인들은 물론이고 정치학자들까지 그 정의와 개념을 내놓지 않고 있다. 신정치에 관련된 책도 없다. 신정치가 입가에만 돌고 있는 것이다. 그래도 무작정 신정치만 외친다. 왜 그랬을까? 신정치의 개념이 어려웠을까? 그렇지도 않다. 그렇다면 정치권이 발상의 전환을 시도하지 않는 것일까? 그것도 열심히 하고 있다. 그러면 왜 신정치를 현정치에 접목시키지도 못하면서 노래만 부를까? 그것은 뚱보가 다이어트의 방법과 기법만 터득하고 있는 것과 같다. 목숨처럼 지키는 행동철학이 반듯한 자만이 다이어트에 성공한다.

신정치도 마찬가지다. '솔선수범의 자연논리'가 지속되어야만 신정치가 시작된다. 신정치의 정의와 개념의 뼈대만큼은 한 치의 융통성도 주지 않기에 행동에 자신이 없어 노래만 부르는 것이다.

구정치인들은 나라걱정, 국민걱정, 민족걱정을 하면서 속으로는 개인적 성공만을 바라며 정치판에서 서성대고 있지는 않는지 스스로 자문해 봐야 될 시기다.

신정치는 구정치의 개념과는 확연히 다른 그 무엇이 있고 그것이 국민들의 가슴에 직접 와 닿는 정치를 말한다. '아! 이제 정치가 바뀌겠구나'라는 느낌을 주는 정치다. 그 중에서도 가장 중요한 것이 있다. 바로 진정성이다.

구정치도 진정성을 끝없이 논했다. 그러나 그야말로 눈감고 아웅이었다. 그들이 말해 왔던 진정성의 내면에는 탐욕의 뿌리가 얽혀 있다. 권력과 물질에 대한 탐욕이 완전히 사라질 때 비로소 진정성이 뽑어 나오니까. 그러기에 국민들에게 불신만 키웠고 끝없는 시행착오의 연속이었던 것이다. 신정치를 깊이 이해하려면 우선 진정성에 대한 철학적 가치와 의미를 따져 보아야 된다. 국민들도 진정성에 대한 새로운 가치관을 정립해야 한다. 그래야만 더 이상 속물정치인을 뽑지 않을 것이 아닌가? 그러나 문제점도 있다. 신정치의 개념을 국민과 기존의 정치인들에게 이해시키는 것이 그리 쉽지 않다. 신정치가 난해해서가 아니라 구정치의 개념에 중독되어 진정성의 개념조차 휘어져 있기 때문이다. 그래도 신정치의 길을 열어야 한다. 그렇지 않으면 국민들에게 희망이 없다.

002
진정성의 뿌리와 가지

진정성의 뿌리는 무엇인가?

바로 서민성이다. 서민성이 없으면 아무리 진정한 체해도 진정성의 뿌리가 점점 썩어 들어간다.

서민성이 사라지게 되는 이유는 탐욕을 지니게 되기 때문이다. 탐욕이 사라지면 얼굴이나 언행에서 진정성이 살아나는 이유도 바로 여기에 있다. 탐욕이 가슴에 스며들기 시작하면 귀족성이 나타나기 시작한다. 큰 저택과 값비싼 골동품을 소유하고 싶어지고 골프나 승마를 즐기고 싶으며 명품으로 치장하고 싶다. 그러기 위해서 황금을 지상최대의 목표로 삼는다. 그러면서도 자신이 진정성을 가지고 있다는 것을 주위에 알리려 노력한다. 탐욕이 있는 자도 진정성을 가지려고 애를 쓴다는 의미다. 나눔과 베풂은 외면하거나 뒤로한 체 성실과 진실과 노력과 의지만으로 진정성을 가지려는 사람들이 많다. 이처럼 사치와 풍요를 혼자 즐기려는 자는 아무리 진정성을 가지려해도 불가능하다. 진정성의 가지만을 흔들고 있는 격이다. 진정성의 뿌리가 썩어 있어 지속성을 가질 수가 없기에 언젠가는 가식이 드러난다. 이처럼 탐욕과 진정성을 함께 가지려 하니 이중성이 나타나는 것이다.

정치도 별 것 아니다. 탐욕없는 국민성을 만들어 내어 사회적 자유와 평등을 이룩하고 국민적 행복을 달성시키는 것이기에 정치인 스스로가 탐욕없는 자세를 항상 유지해야 한다. 정치인이 서민성과 진정성을 반드시 지니고 있어야 하는 이유다.

신정치인은 비만 새지 않으면 좁고 누추한 아파트도 마다하지 않고 감사하며 국민을 생각하는 것이 기본이다. 대형 아파트에 고급 승용차를 몰고 다니고 골프를 즐긴다면 신정치인의 자격부터 없다는 것이다.

그런 경제적 여유가 있다면 주위를 돌아보고 나누어야 한다는 의미다. 이처럼 서민성과 진정성을 가지고 있는 정치인들이 늘어나면 국민들이 경제가 좀 어려워져도 정치인들과 함께 할 수 있다고 확신한다. 그러나 구정치인은 서민성과 진정성보다 경제나 지식이나 실력을 우선한다. 자녀들에게 공부 많이 시키고 돈을 많이 갖다 주기만 하면 된다는 부모들의 개념과 같다. 미국도 마찬가지로 구정치인들로 가득하다. 도날드 트럼프는 진정성의 의미를 깊이 이해하지 못하고 힐러리 클린턴은 진정성이 있는 체만 하니 둘 다 국민을 위해 진정으로 일할 수 없다. 국민들에게 좌절감만 주는 것이다.

진정성은 진실과 거짓을 초월하는 최상의 도덕성이다. 진실을 말하든, 거짓을 말하든 진정성의 뿌리가 확고하다면 신정치인이 틀림없다.

003
진정성의 착시현상

　'난 정말 진정성을 가지고 최선을 다하고 있는데 남들은 그걸 너무나 몰라주네.' 이렇게 생각하는 사람들이 많다. 구정치인들의 절대다수는 이러한 생각에 집착하며 정치활동을 하고 있다. 특히 그 중에서도 갑부정치인들은 자신의 진정성을 몰라주는 국민들이 너무나 원망스러울 정도다. 그들은 '매년 각 단체나 개인에게 많은 돈을 후원해 가며 나름대로 서민들을 위해 애를 쓰는데 그 진정성을 몰라주니 괴롭습니다.' 라며 투덜거린다. 물론 자신은 진정성을 가지고 후원하고 있다고 굳게 믿고 있을 것이다. 그러나 과연 국민들은 그렇게 생각할까? 정치활동을 연장하기 위한 수단이라고 생각하는 사람도 있고 그 정도의 후원이라면 많은 재산에 비해 생색내기일 뿐이라고 생각하는 사람도 있을 것이다.

　진정성에 대한 중요한 뿌리논리가 있다. 과도한 재산을 움켜쥐고 있는 자 중에는 진정성을 가지고 있는 자가 단 한 명도 없다. 자신의 재산이나 돈을 생계의 풍요 이외에 힘과 권력으로까지 확장시키는 마음을 가진 자는 이미 진정성을 말할 자격부터 없다는 의미다.

좀 더 엄밀히 말한다면 진정성을 절실하게 원해도 가질 수가 없다. 그리고 재산이 많지 않아도 그러한 마음을 가진 자라면 역시 진정성을 가지고 있지 않는 자다.

예를 들어 '10억 정도면 풍요로운 삶을 살아가는데 한 치의 모자람도 없다고 말하지만 강남에 아파트 한 채 값이 20억이야.'라고 말하는 자가 있다고 하자. 틀린 말은 아니다. 공감을 하는 사람들도 많을 것이다. 그러나 그 자가 부자든 그렇지 않든 가슴에 진정성을 담고 사는 사람이 아니라는 의미다. 그런 자는 쪽방에 사는 사람들을 모아놓고는 '집이 별거인가요? 10평이라도 비가 새지 않고 편안하면 행복입니다.'라고 지껄일 것이다. 어렵고 가난한 서민들의 영혼을 깊이 이해하고 있는 자라면 강남아파트 집값, 양주 한 병 100만원, 명품시계 800만 원 등을 비유하며 반서민적 논리를 전개한다는 자체가 양심에 반하는 언행임을 깊이 새기고 있다. '별소리하네. 아니 그런 비유로 진정성의 유무를 정한다는 것 자체가 참 우습다.'라고 생각하는 자도 많을 것이다. 그러나 분명한 것이 있다. 피 같은 돈을 모아 나눈다는 게 그리 쉽지 않다면 제발 정치만 하지 않으면 된다. 진정성을 자신의 삶에 가장 큰 무게로 두고 있는 자는 과도한 재산 자체가 매우 불편하게 느껴지고 서민에 대한 죄스러움을 가지게 되어 있다. 국민을 진정으로 사랑하기 위한 전제조건은 스스로가 서민적 삶을 명백히 행하는 것이다. 신정치인의 기본적 마인드다. 구정치인들은 스스로는 진정성을 가지고 있다고 확신하고 있지만 사실은 착각을 하고 있다는 것이다.

내가 스스로 진정성을 가지고 있다고 해서 진정한 사람이 되는 것이 아니고 주위 사람들의 대다수가 진정성이 있다고 확신할 때만이 진정한 사람이 되기 때문이다.

004
10%의 슈퍼탐욕자들

　자본주의가 극도로 발달한 이후 재벌과 졸부가 늘어나고 있다. 매스컴의 발달로 갑자기 유명해지는 연예, 스포츠 갑부들도 늘고 있나. 지금 한국은 국민의 10%가 국민 전체재산의 70%이상을 거머쥐고 있고 나머지 30%미만을 가지고 국민의 90%가 나누어서 살고 있다. 이건 분명 잘못된 분배다. 잘못되도 한참 잘못된 거다. 더욱 잘못된 것은 이러한 엄청난 부를 쥐고 있는 것이 탐욕인 줄을 모른다는 것. 오히려 능력이라 자위하고 있다. 가수 조영남이 그렇다. 언젠가 TV에서 그의 아파트를 공개한 적이 있다. 어마어마하게 넓었다. 100평 정도로 알고 있다. 거기서 혼자 살고 있다. 그는 유명대학을 나온 엘리트다. 국민의 사랑으로 엄청난 부를 축적했다. 그리고 탐욕의 핵심소품인 화투를 주제로 그림을 그리고 있다. 그것도 다른 화가의 도움을 받아 자신이 그린 것처럼 팔았다고 한다. 이런 흉물스런 사건과 관계 없이 혼자 사는 아파트만 보아도 탐욕의 극치. 이렇듯 탐욕(인기를 계속 유지하기 위한)에 묻히기 위해 그토록 사색하고 배웠는가?

지금 재벌이나 졸부의 아들이나 손자 중에서도 돈을 물 쓰듯 하고 그것이 능력인 양 거들먹거리는 자들이 부지기수다. 그래도 그들을 만나 무슨 이득을 보려고 모여드는 또 다른 탐욕자들 또한 부지기수다. 이런 자들이 부끄러워 도저히 견딜 수 없는 정의로운 사회를 만드는 것이 신정치의 임무다.

이들이 탐욕을 멈추고 베풂으로 바꾼다면 서민경제가 미끄러지듯 잘 돌아가며 교육, 문화, 예술의 수준이 급상승하게 된다. 그리고 폭력, 강도, 강간, 살인 등의 사회문제도 서서히 풀리기 시작한다. 왜냐면 그들에게 집중된 재화 때문에 일어나는 양극화로 교육, 문화 등의 기회가 주어지지 못해 의식수준이 낮아진 계층이 사회문제의 원인이라고 해도 과언이 아니기 때문이다. 더욱 큰 문제가 있다. 이들은 정치 사회 종교 경제 문화 스포츠를 사치스러운 방향으로 이끌어 에너지를 물 쓰듯 하고 있다. 그리고 가장 큰 문제가 있다. 탐욕덩어리를 성공이라는 포장물로 상품화시켜 탐욕이 넘치는 사회로 변질시키고 국민성을 저질화 시키는데 앞장서고 있는 것이다. 신정치인은 이러한 잘못된 국민성을 바로 잡기 위해 극도의 탐욕에 파묻혀 있는 10%의 영혼들을 변화시키는데 많은 노력을 기울여야 한다. 물론 강압적이어서는 절대 안 되며 감동과 설득을 통해 이루어 내야 한다. 그러기 위해서는 일단 솔선수범하지 않으면 안 된다.

신정치인들이 가장 먼저 서둘러야 할 일은 법안도, 경제도, 행정도 아니다. 대박을 멀리하고 절약과 성실을 최우선으로 하는 국민성으로 바로 세우는 일이다. 신정치인 스스로가 서민정신으로 무장해야 하는 이유가 바로 여기에 있다. 신정치인이 제정신이 아니고 어찌 대형아파트에 거주할 수 있단 말인가?

005
안철수의 오판

구정치인들은 '정치가 그렇게 쉬운 게 아닌데 무슨 해법이 있는 양 떠들어 대지만 누구라도 정치무대에 오르면 똑같은 사람일 뿐.'이라고 비아냥거린다. 자신의 정치경험상 그렇기 때문이다. 그 말은 국민을 위한 정치를 한다는 것은 거의 불가능한 여건이라는 것을 스스로 인정하는 것이다. 그 말에 동의하는 국민들도 많다.

그렇다. 기존의 정치개념으로는 그 어떤 개혁을 해봐도 요요현상처럼 구습으로 되돌아온다. 뿌리를 캐내는 환골탈태의 정치개념으로 바꾸어 시작하지 않는 한 개혁의 바람은 미풍으로 끝난다. 실제로 신정치를 부르짖으며 태어난 정당이 무수히 많았지만 모두 구정치로 끝맺고 사라지는 경우가 허다했다. 그렇다면 또 다시 신당으로 자리 잡은 '국민의 당'은 진정 신정치를 할 수 있을까? 절대로 그럴 수가 없다. 이미 시작할 때부터 신정치의 기본적 조건을 만족시키지 못하는 정당을 만들었기 때문이다. 특히 그 정당을 만든 안철수는 누구인가? 신정치를 할 기본적 자격이 있는가? 그는 서민들의 지지를 받아 정치인이 되었고 바른 정치에 대한 꿈을 가지고 있다. 그러나 정치인이 되고 나서도 800만원짜리의 시계를 아무렇지도 않게 끼고 다녔다.

특히 1000 억 이상의 재산을 가지고 나눔의 정치, 정의의 정치를 부르짖는 자체가 부끄러운 모습이고 스스로의 모순을 지니고 있는 것이다. 신정치의 개념을 알고 정치무대를 밟았다면 그런 실수를 하지 않았다.

초상집에 빨간 넥타이를 매고 아무렇지도 않게 들어가는 것과 같지만 본인은 그것을 전혀 모른다. 정치의 뿌리를 한번이라도 깊게 들여다보지 않고 정치무대를 뛰어들었다는 증거다. 그저 사업에 크게 성공한 후 바른 소리 잘하고 국민적 지지를 받게 되면 정치무대에 올라가서 멋진 정치를 할 수 있을 것이라고 믿었다. 그러나 정치적 사색은 너무나 부족했다. 서민들에게는 10만 원짜리 시계조차도 힘겨운 지출인 것을 모르는 정치 지도자가 국민을 위해 모든 것을 바치겠다고 나섰으니 과연 그 종말이 또렷하게 보인다. 서민적 영혼과 진정성을 가지고 있다고 확신하고 있지만 대단한 착각을 하고 있어 정치생명이 오래 가질 못한다. 백성을 사랑하는 마음이 간절했던 왕들도 많았던 왕조시대가 보란 듯이 다 사라져버린 것처럼.

006
부자들을 미워해선 안 된다

조윤선.

국회의원, 청와대 정무수석, 그리고 장관까지 발탁된 여성정치인. 국회에서 함께 일하고 싶은 의원상 수상. 1년에 5억을 생활비로 지출하는 여성 정치인이다. 이렇게 화려한 생활을 하는 정치인이 서민의 마음을 알까? 왜 이러한 여성이 정치인으로 발탁되는 것일까? 청와대의 인사정책 자체가 너무나 허술하고 서민적 영혼이 담겨져 있지 않다는 증거다. 박근혜는 국민을 위한다고 밤잠을 설치며 일하기 전에 이런 정치인부터 발본색원하는 것이 진정 국민을 위한 정치임을 명심해야 하지만 스스로 황금조끼를 입고 있으니 조윤선의 황금조끼가 보일 리가 없다. 그러한 사치생활은 올바른 철학을 가진 기업인이라도 부끄러움을 느끼지만 조윤선은 그런 부끄러움을 전혀 느끼지 못하기에 그렇게 생활을 하는 것이다. 내가 가진 돈을 쓰는데 왜들 이렇게 시비를 걸까? 그녀는 황당하다고 느끼고 있다. 그렇지 않고서야 서민으로서는 상상조차하기 힘든 지출을 당연시 할 수 있을까? 평생 동안 돈 걱정 없이 살다 보니 서민의 찌들림을 도저히 이해할 수 없는 그들. 돈과 명예를 찾아다니며 강한 의지만 키워온 그들. 그러나 그들을 미워해서는 안 된다. 오히려 가엽게 여겨야.

조윤선.

그녀도 평범한 가정에서 서민으로 살았다면 매우 아름답고 누구나 좋아하는 그런 영혼을 가진 여성임에 틀림없다. 그러나 많은 돈을 소유했기에 탐욕의 세상을 누볐고 결국 사람들에게 지탄받는 추한 여성이 되어 버린 것이다.(물론 지금도 탐욕이 많은 자에게는 능력 있고 멋진 여성정치인으로 보일 것이다.)

부자를 미워할 수는 없다.

그들도 나름대로 뜻을 품고 목숨 걸며 재산을 모았다. 그러나 제발 정치에 몸담지만 않았으면. 서민을 뼛속까지 모르고 어찌 정치를 하려 하는가?

007

선진국이란 무엇인가?

강대국도 아니고 경제대국도 아니다.

거리에 침을 뱉거나 담배꽁초나 쓰레기를 버리는 국민이 줄어드는 나라
도 아니다. 이러한 외형적 모습만으로 선진국이라 할 수 없다. 그것은 부
차적인 문제다. 그렇다면 선진국이란 무엇인가? 교육을 통해 '자유를 존중
하는 서민정신'이 몸에 배어 누구나 '평범을 즐길 수있는 지혜'를 가진 나
라다. 알리바바의 창업주 마윈이 '창업한 것이 나의 인생에 최대의 실수
다.'라고 말한 것을 깊이 음미해 볼 필요가 있다. 국민들의 절대다수가 '평
범한 서민이 되어야 가장 행복하다.'는 철학을 굳게 믿고 '사치와 과소비야
말로 나라와 자녀들을 망치게 하는 주범'이라는 사실을 확신하는 나라다.
유명인이 되어 출세하고픈 마음속에 '혹시 탐욕이 스며있지는 않는지?'를
한번쯤은 되새기는 품성을 지닌 국민성을 가진 나라다. 돈이나 학벌이나
종교보다는 사랑(남녀, 가족, 이웃, 자연, 책 등)에 더 흠취해 있는 나라다.
선거 때마다 원치 않는 사람들이 우후죽순마냥 출마해서 벽보가 넘치지
않는 나라다. 그리고 무엇보다도 확실한 것이 있다.

부자정치인의 비율이 낮으면 낮을수록

서민정치인의 비율이 높으면 높을수록

선진국이다.

바로 스웨덴이나 덴마크 등의 국가가 대표적이다.

우리나라의 경우 선진국 진입의 첫째 관문은 양극화 해소인데 갑부 정치인이 양극화 해소를 외쳐대는 것이 우습지 않는가? 이러한 선진국개념은 '가난과 부가 행복을 결정짓는 큰 요인이 아니다.'라는 사회적 분위기를 형성시키고 국민성이 업그레이드 된다. 그리고 교육의 목표가 달라지니 교육과정도 재편된다. 화합과 이해와 용서를 중시하는 행복한 사회가 열린다.

008
서민정신이 위대한 이유

평범도 두 가지 유형이 있다. 비범을 내재하고 있는 것과 비범이 없는 것. 전자는 진정한 리더이고 후자는 보통사람이다. 둘 다 서민임에는 틀림 없다. 비범을 숨기지 않고 겉으로 보이려는 사람은 이미 평범한 사람이 아 닌 비범한 사람일 수밖에 없다. 이러한 비범은 사회보다 개인을 위한 비범 이 될 가능성이 크다. 비범이란 머리가 좋아서 한 가지를 집중 잘하는 것 이 아니라 한 순간에도 여러 가지 생각을 복합적으로 균형을 잡아 연결해 내는 능력이다. 특히 정치는 절대적으로 비범이 필요하지만 평상시에 절대 로 드러내려고 해서는 안 되는 직업이다. 자신의 비범을 남보란 듯이 보여 주고 싶어 안달이 나는 자는 훌륭한 리더십을 가질 수 없다.

그러므로 훌륭한 정치인은 누가 봐도 허허실실 평범하고 훌륭한 사람처럼 보이 지 않는 서민 속에 숨어 있는 것이다. 그들은 절대 나서지 않는다. 그것을 숙명이라 생각할 정도의 철학을 가지고 있다. 비범은 평범이라는 지갑 속에 항상 넣고 다녀 야 서민과 항상 어울릴 수 있는 것을 너무나 잘 알고 있기 때문이다.

그러기에 음식이나 옷차림 운동, 그리고 얼굴모습 이 모든 것이 서민의 모습과 똑같을 수밖에 없다. 서민정신이 위대한 이유다. 굳이 미륵사상을 끄집어낼 필요도 없다.

009

절름발이 삶

　가수나 탤런트가 되거나 유명한 피아니스트나 스포츠맨이 되어 여러 사람들 앞에서 자신의 역량을 한껏 뽐내며 동시에 큰 저택에 살고 싶어 하는 꿈이 인생의 전부라고 생각하는 젊은이들이 많다.

　부모들이 그렇게 만들어 놓은 경우도 있다.

　어느 한 쪽만의 탁월한 성공을 위해 그 외의 분야는 전혀 외면해 버려 균형 잃은 인생을 살아야 하는 절름발이 삶을 강요하는 것이다.

　꿈이 이루어졌다고 즐거워하고 자부심을 느끼겠지만 황혼에 접어들면 비정상적인 자신을 통감하게 된다.

　요리 하나 제대로 하지 못하거나 평범한 사람들이 할 수 있는 것을 하지 못하는 사람들이 수없이 많기 때문이다.

　성공에 파묻혀 살다보니 부모에게 효도 한번 제대로 못하면서 진정한 자유와 행복을 원한다면 그건 탐욕일 뿐이다.

　성공했다는 의식 속에 늘 스스로가 구속되어 있기에 자신을 깊이 이해하지 못해 성공한 후에도 많은 스트레스에 잠을 못 이루는 경우가 허다하다.

　나를 깊이 알고 동시에 타인을　이해하고 소통하며 나눔과 베풂이 얼마나 중요한지를 깊이 깨달아가는 과정이 성공과 행복의 첫걸음이다.

　300㎡의 아파트에 호화롭고 편하게 살기보다는, 300㎡의 땅에 100㎡의 집을 짓고 200㎡에는 온갖 채소 과실수을 하나씩 심고 흙과 함께 호흡하며 썩은 가지는 자르고 익어 가는 과일을 바라보며 그들이 숨쉬고 노래하며 아파하는 다양한 모습들을 체험하는 것. 그리고 이러한 체험으로 습득된 비범으로 재산모으기나 사치에 빠지기보다는 소통과 나눔에 집중하며 평범의 지혜를 갈고 닦기 위해 노력하는 것. 이것이야말로 성공이요 행복이다.

　신정치인이란 국민들이 성공을 위해 편협된 삶이라도 살아가겠다는 집착을 털어버리도록 자신부터 솔선수범하고 설득하여 물질과 영혼의 양극화를 줄이는 정치인을 말한다.

010

꿈과 탐욕을
구분할 줄 알아야

성공적인 삶은 어떤 삶일까?

바로 멋지고 아름다운 자연의 모습이 생생하게 담겨 있는 삶이다. 그것은 곧 가장 인간답게 사는 원천이며 첩경이다. 그리고 자연이 인간에게 강력하게 던지는 메시지는 무엇일까? 바로 탐욕을 버리고 꿈을 지니라는 것이다. 과연 탐욕이 무엇이며 내 영혼에는 무슨 탐욕이 들끓고 있을까? 그리고 그 탐욕은 꿈과 어떻게 다를까?

꿈과 탐욕의 동질성과 이질성을 명쾌히 구분해 주는 것이 인문의 책무이지만 구인문은 추상적이고 윤리적인 구분에만 골몰했기에 꿈과 탐욕이 대중들의 삶 속에서 뒤엉켜 버린 것이다. 그리고 맑은 물과 흙탕물이 혼합되면 모두 다 흙탕물로 변하듯 꿈과 탐욕이 뒤엉킨 인간세계는 결국 탐욕의 세상으로 변질된다.

오늘날의 사회가 탐욕으로 물들어가는 이유다.

다음과 같은 10가지 개념으로 꿈과 탐욕을 구체적이고 논리적으로 구분한다.

하나. 꿈의 마지막 종착지는 사랑과 나눔이어서 사회를 밝게 하지만 탐욕의 마지막 종착지는 증오와 물질축적이어서 사회를 어둡게 한다.

둘. 꿈은 목표에 집착하지 않고 과정의 진정성을 더 중시하지만 탐욕은 과정의 진정성에는 무심하고 목표의 결과에만 집착한다. 그러므로 꿈은 목표를 이루는 과정자체도 즐겁고 행복하지만 탐욕은 목표의 달성유무를 떠나 항상 쾌락과 불안만 교차한다.

셋. 꿈은 가슴의 지혜를 우선하기에 영혼의 행복을 그리워하고 탐욕은 머리의 지식을 우선하기에 물질의 행운을 그리워한다.

넷. 꿈은 지구력을 우선으로 진정한 노력을 하지만 탐욕은 인내력을 우선으로 계산된 노력을 한다.

다섯. 꿈은 이루어지지 않더라도 그 자체가 성공처럼 멋지고 아름답지만 탐욕은 성공하더라도 진정성이 사라져 더욱 추해지고 허무해진다.

여섯. 꿈을 펼친 후에는 도리어 평범해지려는 복원력이 있지만 탐욕을 채운 후에는 더 큰 탐욕의 끈을 놓지 않기에 초심으로 돌아가는 복원력이 없다. 그러므로 탐욕자는 서민임을 망각하고 특권의식에 물든다.

일곱. 꿈이 있는 자는 지식과 경험을 폭넓게 터득하며 스스로를 즐기지만 탐욕자는 임기응변과 기교에 집착하며 기회를 포착하는데 여념이 없다.

여덟. 꿈이 있는 자는 어느 계층을 막론하고 진정성으로 대하지만 탐욕자는 자신에게 유익한 자에게만 진정성이 있는 듯 보이려 한다.

아홉. 꿈이 있는 자는 자신부터 깨우치기 바쁘기에 능력 이상의 행운을 원하지 않지만 탐욕자는 자신을 남에게 알리기에 바쁘기에 능력 이상의 행운을 손꼽아 기다린다.

열. 꿈을 지닌 자의 얼굴과 가슴속에는 화합을 소망하는 사랑이 있고 탐욕자의 얼굴과 가슴속에는 분열을 노리는 증오가 있기에 그들이 행하여 왔던 긴 세월의 흔적들이 얼굴에 축적된다. 50대 이후의 자신의 얼굴에 책임을 져야 하는 이유다.

꿈이라 확신하며 열심히 살아왔던 삶이 때때로 몹시 허무해지거나 많은 재산을 가지고도 더 큰 재산과 직위가 부럽고 나눔을 외면하고 싶은 자는 그 꿈이 탐욕이었음을 직시하라.

물질적 성공을 하여 재산이 수십억 이상이 되고 주위 친척 친우를 도와주며 사회봉사까지 하는 자를 꿈과 도덕성을 이룬 성공자로 높게 평가하지만 신인문의 기준에서는 탐욕자로 평가한다는 것이다. 그 어떤 봉사와 헌신을 하더라도 물질의 진정한 가치를 넘어 과시나 사치를 위한 과잉물질을 품고 있다는 자체가 바로 탐욕이기 때문이다.

이러한 탐욕자가 '노블리스 오블리제'를 행하는 것은 자신의 과잉재산을 보존하기 위한 안전장치로 볼 수밖에 없다.

특히 이러한 탐욕자가 정치인이 되면 맑은 정치로 헌신과 봉사를 하더라도 자신의 재산에 손실을 입는 입법활동을 모르는 척할 수밖에 없기에 가난한 대중들을 위해 온몸을 던지는 정치개혁을 해낼 수 없다는 것이 신정치의 근간이다. 과잉재산 그 자체가 이미 정치의 핵심적인 목표(양극화 해소)에 반하기에 정치인 이전에 부끄러워해야 할 탐욕이라는 것이다.

이와 같이 탐욕과 꿈을 명쾌하게 구분해 주지 못한 구인문은 권력과 부를 동시에 거머쥐는 과거의 군주제를 묵인해 왔고, 정치인이 되는데 재산이나 인맥의 힘이

영향을 주는 오늘날의 정치제도를 개혁할 수 있는 구체적 대응논리도 제시하지 못하며 선악만을 부르짖고 있다.

첨단과학과 논리가 모든 분야를 압도해 버린 21세기에도 재산이나 인맥의 힘으로 정치인이 되고 그 권력으로 재산을 더욱 축적하는 탐욕자가 정치무대를 휩쓸고 있다는 것이다. 이와 같이 불신과 탐욕의 정치가 사라지지 않는 명백한 이유가 있다. 구인문의 전통과 관습에 젖은 대중들이 꿈과 탐욕이 뒤엉긴 정치입문자들을 탐욕자로 느끼지 못하고 꿈과 능력을 갖춘 정치인으로 신뢰하며 표를 주기 때문이다. 그리고 정치인으로 선출된 후 탐욕의 근성이 나타나면 그때서야 그들을 향해 고개를 저으며 불만과 불신을 노골적으로 드러내는 일이 끝없이 반복되는 것이다. 이러한 신개념이 대중화되어 국민의 다수가 꿈과 탐욕을 명쾌하게 분별할 수 있는 시대가 오면 비로소 탐욕이 없고 꿈과 능력을 가진 정치인들이 정치무대를 휩쓸고 국민이 바라던 꿈을 현실화시키는 정치력을 발휘하게 될 것이다.

011
행복한 눈물

　리히텐슈타인의 '행복한 눈물'이라는 작품이 생각난다. 왜 이런 작품들을 엄청난 비용(90억)을 들여서 사들일까? 진정 문화를 사랑하는 사람일까? 결코 그렇지 않다. 가난에 시달려 피눈물이 나는 주위사람들은 생각지 못하고 문화를 돈으로 환산해서 재산으로 모으려는 수작일 뿐이다. 세금까지 절약할 수 있으니 말이다. 참으로 부끄러운 일이다. 어쨌든 '행복한 눈물'은 진한 감동을 받았을 때 나온다. 그 근원지는 바로 진정성이다. 진정성이 깊이 저려올 때만 눈물샘을 자극할 수 있다. 동물들도 눈물을 흘린다. 그러나 이성적 감동으로 눈물을 흘리는 건 인간뿐이다. 종교지도자나 연예인에게 행복한 눈물을 흘리는 사람들도 많다. 그러나 정작 국민들에게 행복한 눈물을 선사해야 하는 정치인들에게는 코웃음을 친다. 이유는 너무나 간명하다. 오늘날의 정치인들에게 진정성이 전혀 보이지 않는다는 의미다. 재산이 30억 이상을 가진 정치인이 양극화 해소를 외치는데 진정성이 보이겠는가? 친인척을 보좌관으로 두고 있는 정치인이 진정성이 보이겠는가? 법조인들이나 기업인들과 어울려 골프를 치며

휴일을 즐기는 정치인에게 진정성이 보이겠는가? 부처님 오신 날에는 절에 가서 빌고 성탄절에는 성당이나 교회에서 기도하는 정치인에게 진정성이 보이겠는가?

신정치인은 별게 아니다. 립 서비스는 벗어버리고 진정성을 확고하게 보여줌으로써 국민들이 감동하여 행복한 눈물이 나오도록 스스로 행동하는 정치인이다. 자신의 많은 재산도 보호하고 명예도 챙기면서 국민들에게도 헌신하고 진정성도 보이려는 정치인은 이제 꺼져라.

'그래도 장관까지 했는데 은퇴 후에 연금도 없고 국가가 해주는 게 정말 너무 없어. 차라리 사업을 할 걸 그랬네.' 이처럼 자신의 입장을 먼저 생각하는 자라면 일한 만큼 받아야만 직성이 풀리는 경제인이나 사업가일 뿐 신정치인의 자격조차 없다.

012
박근혜가 무능할 수밖에 없는 3가지 이유

첫째. 인재를 보는 눈이 없다. 폭 좁은 주관성 때문에 출범할 때 그 많은 인재들을 다 놓쳐 버리고 충성하는 호위병들 위주로 국가대업을 운영해왔다. '인재를 보는 능력'이나 '인재'는 서민의 고통을 깊고 폭넓게 겪어본 자 중에 있고 그렇지 못한 자 중에는 단 한 명도 없다. 박근혜는 삶의 굴곡과 큰 충격은 있었어도 서민적 고뇌의 경험은 거의 없기에 인재가 아니며 동시에 인재를 판별할 능력을 갖추지 못했다. 산전수전을 다 겪은 자 중에서만 진리를 말할 자격이 주어지며 아무리 천재성을 지니고 있더라도 경험이 부족하면 진리를 말할 자격조차 없는 것처럼 주위에 인재가 수두룩해도 자신의 눈에는 전혀 보이지 않는 것이다. 그녀의 눈에는 탐욕자가 똑똑하게 보인다. 최순실을 가까이한 것도 여기에서 비롯된다.

둘째. 공과 사를 구분하는 변별력이 부족하다. 최순실 사건에서 보듯 큰 실수를 했다. 최순실은 박근혜의 비밀을 너무나 깊이 알고 있다. 박근영이나 박지만보다도 훨씬 더 알고 있는 부분이 있다. 그 중에서는 어디에도 발설해서는 안 되는 비밀도 있을 것이다. 형제보다 친한 친구나 후배에게 더 많은 비밀 얘기를 털어놓는 것과 같다. 개인적 비밀에 대한 지나친 결벽성 때문에 최순실의 국정농단을 보면서도 매몰차게 대할 수가 없었고 이것이 장기간동안 누적되어 암적 존재로 변질된 것이다.

셋째. 진정성의 뿌리가 없다. 정치인이라면 누구나 진정성을 외친다. 그리고 국민들에게 그 진정성을 보여 주기 위해 밤잠을 설치고 발로 뛴다. 그러나 그녀는 장관이나 참모와 머리를 맞대고 대화하는 것을 꺼린다. 진정성의 결여에서 나오는 습관이다. 다른 예도 있다. 최순실 사건이 본격적으로 터지기 하루 전에 갑작스레 개헌의 필요성을 역설했다. 본인은 오랜 생각 끝에 진정성을 가지고 얘기했는지 모르지만 진정성만 의심받게 되었다. 진정으로 개헌을 원했다 해도 이런 시기에 뜬금없이 말하는 것은 정치인의 기본적 도리에도 어긋난다. 참외밭에서 신발 끈을 동여 맨 격이다. 험난한 미래가 예측되어도 '오비이락의 결단'을 해서는 결코 안 된다. 정치력이란 진정성이라는 반석 위에 정치철학이라는 기둥을 박는 것이다.

신정치인은 '진정성을 잃어버리는 것은 정치를 망쳐버리는 것이기에 아무리 올바른 일이라 해도 오해받을 언행은 절대 하지 않는다.'는 좌우명을 가지고 있다.

013
정치인을 존경하고 신뢰하는가?

서민들은 전혀 그렇게 생각하지 않는다. 존경보다는 분노의 혀를 휘두른다. 왜 그럴까? 일단 신뢰할 수가 없기 때문이다. '정말 그들이 국민을 생각할까?'에 대한 불신이다. 이를 불식시키고 신뢰받을 수 있는 우선적 조건은 무엇일까? 너무나 간명하다.

국민들에게 '많이 배워 성공하고 능력도 있는 저들이 어쩜 저렇게 서민적으로 살아갈까? 정말 나보다 더 서민적이다.'라는 느낌을 주면 신뢰와 존경은 저절로 따라온다.

작금의 정치인들은 절대다수가 서민인 체만 하고 있다. 고급음식이나 찾아다니고 골프나 치며 비싼 옷을 걸치고 대형 아파트나 큰 저택에 살면서 서민이라 자처한다. 무슨 회의만 하면 유명호텔을 선호한다. 다시 말하면 아무리 정책입안을 잘하고 말을 잘해도 서민적으로 보이지 않으면 신뢰하지 않으며 존경도 없다. 물질적으로나 권력적으로 도움을 받고 싶어하는 이들이 지척에서 아부하는 것이 스스로에게는 신뢰와 존경으로 보일 뿐이다.

세상에 변치 않는 철칙이 있다. 부자정치인들은 부자들에게 불리한 정책은 결코 혁신적으로 추진하지 않고 흉내만 낸다는 것. 어찌 자신이 목숨 걸며 모은 많은 재물이 빠져나가는 법안에 적극적일 수가 있겠는가?

너무나 당연한 이치가 아닌가? 정치의 핵심은 서민에게 물질과 영혼을 풍요롭게 하는 일이기에 그들은 이미 신정치를 포기한 자들이다. 아무리 겸손하고 헌신하며 끝없이 베풀며 사는 갑부정치인이라 하더라도 그들에게 국가를 맡긴다는 것은 고양이에게 생선을 맡기는 것이다. 그들은 자신의 재산을 늘리지 않을지는 몰라도 유지시키는데 신경을 쓰지 않을 수 없는 DNA를 가지고 있기에 국민에게 신경 쓸 시간을 그곳에 뺏길 수밖에 없다. '서민 정치인은 재임기간에 부자정치인들보다 더 챙겨 먹는다.'라고 말하는 사람들도 많다. 그렇지 않다. 재산이 5억인 정치인이 재임기간에 5억의 뇌물을 받았다고 하면 재산이 100% 증가되어 10억이 된다. 재산이 공개되기에 뚜렷한 표시가 난다. 그러나 100억의 재산을 가진 부자정치인이 5억을 챙겨도 재산증가율은 5%에 그쳐 챙겼는지 안 챙겼는지 알 수가 없다. 더 중요한 것이 있다. 부자들에게는 힘과 이익의 개념이 서민들에게는 사랑과 화합의 개념이 골수에 배겨 있다. 이것이 사라지면 희망의 끈을 놓는다. 그래서 부자들은 악착같이 돈을 버는 것이 성공이고, 서민들은 가족 간의 사랑과 화합이 꽃피면 성공이라 확신한다. 그러기에 부자정치인에게 나라를 맡기면 경제에만 우선하고 서민정치인에게 나라를 맡기면 사회화합을 우선한다. 온 나라가 서민정신으로 가득 채워질 때 비로소 물질보다 영혼이 우선하는 사회적 행복이 넘치게 된다. 이런 사회를 만드는 업무를 담당하는 직업이 정치인이고 국가가 그 방향으로 흘러가고 있다는 것을 느낄 때 정치인이 존경받는 시대가 열리게 될 것이다.

014

'남보란 듯이'와
'남부럽지 않게'의 차이

신정치는 국민을 위해 두 가지를 벌거벗는 것이다.

첫째는 재산문제. 생존을 위해 기본적 물질욕심은 필요하지만 물질탐욕은 벗어버려야 신정치가 가능하다. 일반적으로 정치를 하려는 자는 성공한 자이어서 많은 재산을 보유하는 자가 대다수다.

국회의원 절반이상이 1년 동안에 1억 이상의 재산이 늘어났고 79%가 그들의 재산을 불렸다. 그리고 그에 질세라 검사장급 이상의 검찰간부의 평균재산이 18억이라고 한다.(2017. 3.31. YTN 뉴스) 이처럼 한 사람이 많은 재산을 지니고 있다는 의미는 무엇인가? 양극화, 쏠림현상, 나눔, 베풂 등의 용어가 생각나지만 더 중요한 의미가 있다. 바로 서민임을 포기하고 귀족임을 선언하는 것이다. 아무리 서민인 체 입고 쓰고 해도 진정한 서민일 수가 없다. 30억의 재산을 소유한 자가 96㎡ 이하의 아파트에 살려고 하지 않는 속성을 지니고 있다. 서민이 먹는 음식과 옷과 거주지가 누추하고 불편해 보이는 관념에 이미 젖어 있다. 이런 정치인들과 법조인들은 겉으로는 서민행세를 하지만 안으로는 귀족적 관념이 스스로를 지배하고 있기에 신정치에 본능적으로 거부반응을 일으킨다.

정치활동 기간에도 서민보다는 부자들에게 더 많은 시간을 할애하여 정치무대를 떠난 후에도 그들과 맺은 인연으로 귀족적 노후생활을 기대하는 자가 대다수다. 이들은 '서민들도 다 그런 꿈을 가지고 있는데 왜 정치인들만 끝까지 서민이어야 하는가?'라고 반문할 영혼을 가지고 있다. 그러나 분명한 원칙이 있다. 정치인부터 이런 마음으로 끝까지 가야만 서민들도 행복의 꿈을 세속적 부에서 영혼적 부로 바뀌게 되며 그때부터 정치하기도 쉬워지는 법이다.

이런 생각을 하지 못하는 자가 '나눔과 베풂을 위한 성장'을 지상최대의 목표로 하는 신정치에 어찌 어울리겠는가? 큰 성공을 이루어도 자신의 개인재산으로 치부하지 않고 사회로 환원시키는 기업가도 있는데 하물며 정치인이 많은 재산을 지키려고 버티는 자가 무슨 신정치를 하겠는가? 이미 아닌 것이다.

국민을 위해 아무리 희생과 헌신을 외쳐도 자신의 과도한 재산을 움켜쥐고 있다면 몸에 철갑을 두르고도 벗겠다고 외치는 이중인격자라는 것이 신정치의 기본개념이다.

지금 인간세계의 생산량은 유사 이래로 너무나 풍족하다. 한국은 그 중에서도 경제대국이다. 나눔과 베풂에 너무나 인색했기에 전 세계적 사회문제(굶주림, 배움, 각종범죄 등)가 생기는 것이 아닌가?

자신이 가진 많은 재물과 연관된 법을 만드는 것이 정치의 핵심적 과제인데, 이를 뒤로 제쳐놓고 가장자리의 문제만을 침소봉대해서 정치를 풀려고 하니 무엇하나 제대로 되겠는가? 스스로가 서민임을 포기하고 서민을 위한 정치를 하겠다는 마음이라면 도대체 무슨 마음인가? 빈부격차를 줄여야 한다고 외치면서 자신의 재산은 더 많이 증식시키는 마음이라면 도대체 무슨 마음인가?

앞으로 신정치를 하겠다는 자 중에 많은 재산을 가진 자는 서민의 평균 재산의 3~3.5배 정도만 남겨 놓고 나머지는 몽땅 국가나 자신의 정당이나 친척들에게 나누어 주고 정치무대에 나서라. 진정 벌거벗는 것이다.

둘째는 자존심이다. 서민들이 자주 하는 말이 있다. '남보란 듯이 살아야지.' 과시하며 살고 싶다는 바램이다. 이게 다 자신을 위해 권력을 휘두르는 정치인들이나 큰 저택을 짓고 으리으리하게 사는 기업가나 졸부들을 보고 배운 '잘못된 꿈'이다. 그들 때문에 서민의 삶에 쓸모없는 자존심이 짙게 깔리고 '질 수 없다'는 무의미한 승부욕에 빠져 사회가 거칠고 메말라 간다. 자존심이 상한다는 것은 무슨 의미인가? 돈이 많은 친구가 그대에게 '자네도 돈 좀 벌어서 같이 골프나 치며 인생을 즐기면 얼마나 좋겠나.'라고 얘기한다면 그대는 자존심 상하는가? 만일 자존심이 상했다면 생활이 어려워서가 아니라 영혼의 초라함이 남들에게 비춰질 때 나타나는 우울현상일 뿐이다. 그 친구는 우쭐대기 위해 '남보란 듯이' 말했을 뿐이며 그 말속에 진실이 있었는지는 몰라도 진정성은 없다. 진정성이 있다면 재산 일부를 주어 골프를 칠 수 있는 여건을 마련해 줄 것이다. 그 친구가 진실로 말했든, 진정성으로 행했든 그 어느 쪽도 그대에게는 유익하지 않다. 그런 친구가 있다면 서서히 멀리하여 인연을 끊는 게 유익하다. 사실은 서민으로 살아도 나름의 철학을 가지고 살면 그 친구의 말이나 행동에 자존심이 상할 일이 없다. 그러므로 그 친구에게 겉으로는 '생각해 주니 고맙다.'라고 말해 줘야 한다. 그러나 마음속으로는 '자네야말로 그런 귀족적 영혼을 버려야 한다네.'라고 외칠 줄 알아야 한다. 주위는 아랑곳하지 않고 혼자만의 즐거움이나 그들만의 유희에 도취되는 것이 진정한 즐거움이 될 수 없다는 것을 깨닫지 못하니까.

신정치인도 마찬가지다. 재물에 대한 집착을 과감히 버리고 스스로의 영혼을 풍요롭게 만들어야 하며 자존심을 자부심으로 승화시키는 능력을 보유해야 한다. 그래야만 국민을 '남보란 듯이'의 삶에서 '남부럽지 않게'라는 삶의 차원으로 이끄는 선봉장이 되는 것이다.

노트

- -

- -

- -

- -

- -

- -

- -

- -

- -

- -

015
신정치인의 자세

남이 나보다 잘되는 것을 보지 못하는 사람이 많다. 겉으로는 축하한다고 웃지만 속으로는 씁쓰레한 마음을 간직하고 있다. 어찌 보면 인간의 생존본능 속에 자연스럽게 자리잡고 있을 것이다. 그러나 후천적으로 마음을 다스리면 달라진다. 바로 철학이다. 합리적 이성이 영롱하게 익는 것이다. 인간이 동물과 다른 것은 철학의 숲을 거닐기 때문이다. 마음 한가운데 철학이 숨겨져 있는 자만이 진정으로 축하를 해주는 마음이 우러나게 된다. 그만큼 철학을 굳건히 만들고 지키기가 어렵다는 것이다. 정치무대에도 마찬가지다. 나보다 능력이 부족한 사람이 더 높은 직위에 있을 때 그대는 어떤 마음을 가지는가? 정치철학이 부족한 정치인은 흔들기 바쁘다. 어떻든 그 직위에서 낙마하도록 애를 쓰고 은근히 자신이 그 자리를 차지하려 든다.

그러나 정치철학이 다져진 신정치인은 다르다. 겸손하게 자신의 의견을 피력하면서 협조하고 설득을 다한다. 그것조차도 이해하지 못하고 잘못된 정책을 강행할 때는 조용히 자신의 위치를 떠나면 된다. 분노할 수는 있지만 절대로 그를 헐뜯어서

는 안 된다.

그의 직위를 만들어준 주위사람이나 국민들에 대한 예의와 책임을 동시에 느끼도록 하고 조직의 갈등과 분열도 그만큼 사라지기 때문이다. 바로 신정치인의 자세다. 명분이 서지 않는 한 언제든지 자신의 자리에서 물러날 줄 아는 정치인인 것이다.

노트

- -
- -
- -
- -
- -
- -
- -
- -
- -
- -

016
섭섭함과 괴씸함부터
버리는 것이 신정치

  부모라면 누구나 자식을 잘 키우려고 한다. 무슨 보상을 바래서가 아니다. 잘 자라서 행복하게만 산다면 만족이다. 그런데 실제상황은 이러한 초심과 달라진다. 자식이 결혼 후 잘 오지 않고 전화도 없으면 자식은 물론 며느리까지도 미워지기 시작한다. 초등학교 입학할 때 꼬까옷도 입혔고, 대학등록금 마련하기 위해 사채도 빌려 썼던 추억들이 파노라마처럼 스치며 섭섭해지는 것이다. 인지상정이다. 그러나 냉정히 사색해 보자. 그들이 오지도 않고 전화도 없는 것이 그들의 탓만은 아닐 것이다. 그리고 그들 나름대로 전화하지 못하는 피치 못할 이유도 있을 수 있다. 그들이 행복하게 살고 있다는 것만 확실하다면 우리의 초심처럼 만족해야 한다. 키울 때의 행복으로 끝내야 한다는 의미려. 왜냐하면 불만을 토로하면 그때부터 서로가 불행을 자초하는 언행들이 오가면서 오히려 감정이 격해지고 원한과 증오가 쌓이기 시작하기 때문이다. 결국 서로가 서로를 불행하게 만드는 짓이다. 물론 보고 싶고 답답하고 힘든 일이지만 전화가 올 때까지 참고 기다려야 한다. 그리하면 언젠가는 다시 아름다운 소통이 이루어진다. 이것이 바로 신인생을 즐기는 마음이다. 신인생은 새끼를 기를 때는 새끼를 위해 목숨을 걸어도 성장하고 나면 쫓아버리고 연락이 두절되어도 무심하게 내버려두는 동물에게도 배울 것이 있다는 사실을 분명히 인정하고 이러한 자연논리를 깨우치는 삶이다. 자신의 몸을 새끼들에게 뜯어주며 죽어 가는 '애어리 염낭거미'의 자식사랑도 쉽게 넘겨서는 안 된다. 서로에게 매달리거나 집착하면 서로의 자유와 행복을 방해한다는 것을 본능적으로 알고 무심한 척해 주거나 몸과 마음을 희생하는 것이다. 신정치 또한 마찬가지다. 자신이 길러준 후배 정치인이 훌륭하게 성장하여 최고지도자가 되었는데 연락 한번 오지 않아도 섭섭해 말아야 한다. 그럴 만한 이유가 있다고 확신하며 훌륭한 지도자가 되어 있다는 사실만으로도 멀리서 박수를 보내며 흡족해야 한다.

다른 친구에게 '그 친구 정치신인일 때 그만큼 도와줬는데 지금은 눈길 한번 안 주네.'라는 아쉬움을 표현하는 정치인이라면 구정치인이 틀림없다.

구정치인들의 갈등과 분열의 원흉이 있다. 선후배를 심하게 따지고 서로의 섭섭함과 괘씸함을 주위에 알리면서 온갖 헛소문과 증오가 증폭되어 국민을 위한 정치보다는 그들만의 오해나 감정을 수습하는데 걸리는 세월이 더 많았기 때문이다. 구정치인이 추해지는 이유 중에 하나다. 자신의 곁에 두고 훌륭한 지도자로 성장시키는데 일조한 그 자체가 행복인 것이다. 부모는 청출어람이 된 자식에게 효를 강요해서는 안 된다. 자식 스스로가 효를 행한다면 더 없이 감사해야 할 뿐이다. 정치인 또한 마찬가지다. 자신이 키워 훌륭한 지도자로 성장하면 그에게 정성 드린 추억에 만족해야 하며 그 후배가 스스로 끊임없는 존경을 행하면 더 이상의 행복은 없는 것이다.

이처럼 '구인생과 구정치'는 '신인생과 신정치'와 그 개념부터 다르다. 상대를 사랑했기에 아끼고 희생했을 뿐 훗날 그 어떠한 섭섭함이 엄습해도 그것은 모두 나의 탐욕(물질이나 영혼)에서 비롯된다는 사실을 확고한 철학으로 믿고 있는 것이다. 부모나 선배나 선생의 권위에 초점이 있는 것이 아니라 그들과 사랑을 기반으로 수평적 소통에 능통해지는 것이다. 이처럼 신정치는 용서와 이해를 가장 중요히 여기며 증오를 가장 멀리하는 정치다.

국민의 일부를 도둑이나 적폐대상으로 규정하여 청소하려는 리더십보다는 생각이 부족한 자나 설득대상자로 규정하고 끝없는 대화의 리더십으로 풀어나가는 정치인 것이다. 그래야만 여야의 화합과 소통으로 거침없는 개혁과 혁명을 할 수 있다.

017
청렴은 의지가 아닌
지혜의 소산

누구나 1등과 일류를 좋아한다. 1등을 하면 많은 것을 거머쥘 수가 있고 사치와 화려한 생활이 보장되고 유명세도 얻는다. 그리고 이를 더욱 부채질하는 것은 남들이 부러워할 것이라는 우쭐함이다. 고급사우나에서 친구들에게 한 달에 생활비가 1000만원이라고 말하는 복부인은 1등과 일류의식에 사로잡혀 허세를 키우는 것이 최상의 행복이라 확신하며 살아간다. 그러다 보니 주위를 위한 나눔에 무심할 수밖에 없고 3류의식에 빠져버린 자신을 발견할 기회가 주어지지 않는 것이다. 생활비가 많이 들수록 수준 높은 삶이라고 확신하는 3류들의 영혼에는 무엇으로 꽉 차 있을까? 바로 탐욕이며 그 끝을 향해 달려가다 결국 불행으로 직행한다. 그래도 불나방처럼 1등과 일류를 향해 뛰어들고 자녀들까지도 부패된 영혼을 주입시키며 매몰되어 간다. 이처럼 1등을 할 수 있는 자신의 비범을 이용하여 탐욕을 채우는 것이야말로 삐뚤어진 자본주의의 비극이다. 비범하면 할수록 이러한 비극적 상황에 빨려들어 가게 되는 것이 바로 오늘날의 인간사회다. 오늘날의 구정치인들이야말로 그 대표적 사례.

신정치인은 반드시 달라야 한다. 예외 없이 청렴해야 한다. 청렴은 극소수에게만 해당되는 특별한 것이 아니며 존중의 대상도 아니다. 너무나 당연한 것이다.

청렴은 의지가 아닌 지혜의 소산일 뿐이다. 이러한 청렴 위에 비범해도 평범을 즐길 줄 아는 지혜로움을 가진 정치인만이 권력에 휘둘리지 않는 진정한 권력을 사용할 줄 안다.

노트

– –

– –

– –

– –

– –

– –

– –

– –

– –

– –

018
신정치인이 종교를
가질 수 없는 이유

사기를 잘 당하는 자는 계속 당한다. 왜 사기꾼에게 사기를 당할까? 착해서 당할까? 물론 일부는 세상 물정을 모르거나 어리 섞어 그런 것도 있겠지만 대부분 탐욕에서 비롯된다. 탐욕이 있는 자는 상대방의 탐욕이 보이질 않는다. 청결하지 않는 자는 더러운 곳에 가도 더러움을 잘 모르는 것과 같다. 그러나 청결한 사람은 더러운 곳을 너무나 예민하게 느끼기에 그곳에 아예 가질 못 한다. 가까이 하면 구역질이 나고 어지럽다. 탐욕자는 마음속에 돈이나 권세로 가득 차있는 자다. 세상이 탐욕으로 가득하다. 절에도 교회도 겉으로는 사랑과 진실로 도배했지만 그 도배지를 벗기면 탐욕의 철옹성이 있다. 물질적 탐욕과는 다르다. 바로 영혼적 탐욕이다. 신과 귀신에 예민한 자 역시 탐욕이 차 있기에 그렇다. '저 사람이 나를 해칠 것이다. 저 사람이 나를 지켜줄 것이다' 라는 개념(성인의 경우)의 중심부에는 항상 탐욕이 서려 있다. 우울증 역시 탐욕(물질 또는 영혼)에서 시작된다. 탐욕이 있는 자는 자주 두려움에 빠지고 보호해 줄 그 무엇을 탐한다. 극락이나 천당에 가고 싶어하는 것도 결국 무지에서 비롯된 영혼적 탐욕이다. 어리석거나 착해도 영혼적 탐욕이 마음속에 도사리고 있기 때문이다. 탐욕이 없는 자는 나를 해칠 사람도 없을 것이니 나를 지켜줄 사람도 원치 않는다. 해침과 지킴 자체를 구분하지 않는다. 스스로 성실과 지혜로 무장하고 있으니 충분한 것이다. 신정치인은 나를 지켜줄 사람과 나를 해칠 사람을 구분하지 않는다.

그러므로 남을 돕기는 해도 도움을 요청하지는 않는다. 스스로 성실과 지혜와 양심으로 나아가면 반드시 좋은 성과가 나올 것이라고 굳게 믿는 정치인이다.

신정치인은 선악의 개념을 초월한 정치인이기에 신과 귀신조차도 구분하지 않는다. 구분할 필요가 없기 때문이다. 종교란 하나가 생기면 둘로 쪼개졌으면 쪼개졌지 두 개의 종교가 하나의 종교로 통합되지 않는다. 종교의 생리다. 그러므로 신정치의 개념과는 정반대다. 기본적 생리가 상극인 것을 함께 쥐고 있으면 그 자체가 모순이 되어 자신도 모르게 이리저리 휩쓸린다. 무슨 정치를 했는지도 모르고 정계를 떠난다. 구정치인들의 모습이다. 신정치인은 자신과 국민만을 굳게 믿고 있는 자다.

갑부가 신정치인이 될 수 없는 이유

누구나 두 가지 분야에서 자신의 능력을 최대한 발휘할 수 없다. 우선 집중이 안 된다. 특히 두 분야의 개념이 이중적 성격을 지니고 있을 때는 더욱 집중이 안 된다.

마라톤 선수가 100미터 단거리 선수까지 겸할 수 없는 것과 같다. 그렇다면 갑부라는 의미는 무엇일까? 재산을 유지하거나 증식하는데 탁월한 집중력과 관심을 가진 사람이어서 토지, 상가, 아파트, 별장, 콘도, 골프권, 골동품, 그림, 요트, 스포츠카, 세입자관리, 세금관리, 대여관리 등에 삶의 대부분을 할애하는 사람이다. 이러한 일들에 즐거움을 가지고 있고 하루라도 재산증식을 생각하지 않으면 입안에 가시가 돋는 사람이다. 한마디로 '다다익선'의 개념을 흠모하는 영혼이다. 물론 마르크스의 '부르조아와 프로레타리아'의 개념으로 생각하여 '부르조아 척결'의 의미는 절대 아니다. 그러한 흑백개념이야말로 인간사회를 갈등으로 멍들게 하는 원흉이기 때문이다. 이치와 철학의 개념에서 하는 말이다.

이와 같이 물질축적의 노하우가 탁월한 갑부의 영혼은 나눔과 베풂의 법안을 위해 밤을 새워 지혜를 짜내도 시간이 모자라는 정치인의 영혼과는 삶의 방향이 전혀 다르다는 것이다. 이 두 가지 일은 상극의 일이며 함께 병행한다는 것은 이미 모순이다.

물론 이를 대신 관리해 주는 집사가 있을 것이다. 그러나 집사가 하는 것을 관리 감시해야 하고 또 직접 챙기지 않으면 안 될 일도 많다. 이런 정치인이 언제 정치다운 정치에 몰두할 시간이 있겠는가? 그들에게 묻겠다. '정치인을 선량이라 말하는데 그 많은 재산에 관심을 두는 시간까지도 재껴두고 정치에 몰두하고 있는가?' 스스로는 알고 있으니 양심대로 답하라. 내 말이 틀리는가? 국민을 위해 목숨 바치는 일이 정치인데 이러한 개인적 중대사(그들에게는 목숨과 같은 것들)를 완전히 제쳐두고 어떻게 정치를 하겠는가?

수십억원의 재산을 가진 경찰관이나 소방관이 국민의 재산과 생명을 위해 목숨바치는 자는 거의 없다. 그들이 위험을 무릎쓰고 사건현장에 뛰어들다 목숨을 잃는 뉴스를 접해 보면 절대다수가 가난하거나 서민적 가정에서 살고 있었다는 사실을 봐도 서민적 정치인이 정치무대에 다수를 차지하면 그만큼 정의로운 세상을 만들 가능성이 매우 크다.

'정치하려면 많은 돈이 필요하니 갑부들이 해야 한다.'는 구상식에 갇혀 있는 국민은 유능하고 진정한 정치인을 배출시킬 수가 없어 성숙한 민주주의의 열매를 맛볼 수가 없다.

신정치인은 근본부터 다르다. 재산이 많은 것 자체가 국민에게 부끄러워 도저히

정치무대에 설 수가 없는 양심을 가지고 있다.

재산에 대해 '과유불급의 개념'을 가지고 있기에 그곳에 시간을 할애할 필요도 없고 할애할 것도 없어 오직 정치만을 생각하는 정치인인 것이다.

노트

- -
- -
- -
- -
- -
- -
- -
- -
- -
- -

Section

02

디테일 신정치론

001
디테일 신정치론

구정치는 추상적이고 이념적이며 자기우월적이다.

추상적이다보니 아름답고 멋지게 보일 수도 있지만 포장과 과장이 드리워져 입만 살아 움직인다.

이념적이다보니 선명하고 논리적으로 보일 수도 있지만 불통만 깊어 간다. 그리고 자기우월적 관념은 개인적 명예와 자존심에만 집착하고 상대의 단점만 눈에 보여 결국 막말과 싸움으로 얼룩진 정치무대를 만들어 국민의 마음을 상하게 만든다. 특히 구정치인은 이념의 하수인으로 전락하여 진보와 보수 중에 어느 한쪽을 택하지 않으면 어느 정당에도 가입할 수도 없다. 그러나 신정치는 다르다. 진보와 보수 그리고 좌파나 우파라는 정치성향에 대해 언급조차 꺼려한다

신정치를 하는 정당의 당헌 당규에는 이념에 대한 언급이 없다. 최첨단 가전제품이 전자와 기계가 혼합 또는 융합되어 생산되듯이 진보와 보수는 신정치의 융합술에 필요한 수많은 정치적 부품들 중의 하나일 뿐이라고 확신한다. 그리고 신정치는 사회주의와 민주주의, 대통령제와 의원내각

제, 제왕적 대통령제와 분권형 대통령제, 소선거구와 대선거구, 중앙집권과 지방분권 등의 추상적이고 거대한 '편가르기 담론'보다는 정책의 디테일에 촛점을 맞추는 정치다. 이처럼 신정치가 이념과 거대담론보다 디테일에 더 관심을 가지는 이유가 있다. 바로 자연의 이치를 근간으로 하기 때문이다. 인간도 법을 만들고 수많는 창조를 하고 있지만 자연이 만든 나뭇잎이나 개나리꽃 하나 만들어 내지 못한다. 대자연의 거대한 스케일은 디테일에서 나온다는 것이다. 그리고 그 디테일의 완성을 통해 거목과 잡초와 다람쥐가 서로 소통하고 균형을 맞추며 대자연을 연출한다. 이것이 디테일 신정치론의 근본개념이며 자연처럼 거대하고 위대한 정치로 향할 수밖에 없다. 디테일이 우선적으로 중시되면 스케일은 빛날 수밖에 없다는 정치논리다. 백두산 천지의 스케일에 감탄할 수밖에 없는 것은 천지가 만들어지는 디테일의 논리가 너무나 섬세하고 명확했다는 것이다.

거대한 건물이 갑자기 무너지고 구소련의 사회주의 체제가 맥없이 무너져 내리는 것도 그 내부에 존재하는 디테일의 문제인 것이다. 디테일 신정치는 정치인들만의 토론과 대화로는 성공하기가 힘들다. 대자연은 한 포기의 풀도 빠트리지 않고 소통하듯 정치, 사회제도의 구석구석에 대중(민초)의 생각과 의지와 손길이 담겨 있는 정치다. 바로 대중언론매체를 활용하여 국민들의 관심과 참여를 불러 일으키는 동시에 정치의식도 함께 성숙시키는 정치다. 오늘날의 첨단 언론과 첨단 SNS야말로 디테일 신정치를 가능하게 만든 것이다.

디테일 신정치가 중시하는 토론과 논쟁의 흐름은 두 가지다. 바로 '정치인다운 정치인이 보이지 않는 이유'와 '사회가 모순과 비리로 얼룩져 있는 이유'를 디테일한 주제로 나누어 하나하나 따지고 밝혀 내어 신정치의 퍼즐을 완성시키는 것이다. 이러한 퍼즐완성은 정치인만으로는 불가능하며 국민과의 솔직하고 통렬한 토론과 논쟁을 통해서만 가능하다. 그 핵심적인 '디테일'들을 토론과 논쟁의 불씨로 던져 본다.

노트

002

신정당이 품어야 할 정당철학

신정치를 하려면 신정당이 있어야 한다. 그리고 신정당의 정치철학은 구정치와 확연히 다른 점이 보여야 한다. 그 방향은 국민이 신뢰하지 않을 수 없는 논리적 매력이 있어야 한다.

신정당은 기본적인 5가지 핵심적 정당철학이 있다.

첫째. 10억 이상의 재산을 지닌 자는 당원이 될 수 없다.

국가나 정당에 헌납하거나 이웃이나 친척에게 나누어 준 후에 당원이 될 수 있다. 돈 많은 자들을 영입하여 그들에게 감투를 주는 구정당과는 근본부터 다르다.

둘째. 종교를 가지고 있는 자는 당원이 될 수 없다.

서로 다른 종교에 집착하는 자들이 모여 하나의 정강정책을 다루다 보면 어이없는 갈등과 분열로 국민들에게 피해를 줄 수 있다.

셋째. 조직 리더들의 남녀 구성비율은 5대5로 구성한다. 자연민주주의를 근간으로 하기 때문이다.

넷째. 정당 활동에 소요되는 모든 지출과 수입은 인터넷을 통해 매일매일 당원들에게 반드시 공개해야 한다. 정치는 선명성보다 투명성이 더욱 중요하다.

다섯째. 당헌에 '보수'나 '진보'라는 용어를 사용하지 않는다.

이러한 용어는 신정치가 가장 중요시하는 화합과 용서와 이해에 결코 도움을 주지 못하기 때문이다. 복잡하고 난해한 책속에서 진리를 찾을 수 없다. 정치 역시 마찬가지다.

정치가 난해하다는 것은 시작의 뿌리가 잘못되었다는 것이며 시작의 철학이 올바르면 국민의 신뢰를 안고 정치를 하기에 모든 현안이 쉽게 풀린다.

정치인이나 정당인의 과도한 재산을 심각한 문제로 인식하는 것은 신정치의 뿌리인 동시에 국민신뢰의 뿌리이기에 어쩔 수가 없다.

부자정치인도 정치를 잘할 수 있다는 반론도 있겠지만 가능성이 희박한 곳으로 정치를 흐르게 할 수는 없다.

신정치는 간단명료한 것이다.

003

'4년 중임 더블제도'의 탁월성

충남 논산시 벌곡면 신양리에서 부녀회장을 39년 동안 하신 할머니가 '아침마당'이라는 TV 프로에 나왔다. 그 마을 이장님은 40년 동안 이장을 하시다가 작년에 그만 두셨다고 말한다. 눈이 번쩍 띄었다. 탄복할 만한 일이다. 마을은 엄청나게 발전했다. 더욱 중요한 것은 그 마을의 분위기다. 충과 효와 신뢰와 사랑이 넘쳐 흐른다. 참으로 이상적인 마을이 현실적으로 유지되고 있는 것이다.

강원도 횡성군에 도호근 이장님과 전금례 부녀회장님 부부 역시 43년 동안 집권하고 있다. 매년 그만두려 해도 주민들이 극구 반대해서 장기집권을 하고 있는 것이다. '이데아'를 꿈꾸는 정치인들이 본받아야 할 리더십이다. 이러한 아름다운 마을을 만들게 된 이유 중에 가장 큰 이유가 있다. 바로 장기집권이다. 이장이나 부녀회장의 임기를 5년 단임제나 4년 중임제로 규제했다면 이런 훌륭한 마을이 나타날 수 있을까? 힘들었을 것이다. 이장과 부녀회장이 한마음이 되어 주민들에게 신뢰를 주고 일관성을 가지고 찬찬히 의견을 모아 가며 마을의 중장기 발전계획을 추진한 결과다. 이 모든 것이 '잘하면 계속 마을을 책임지고 운영해 주세요.'라는 마을 사람들의 공감대가 형성되어 있었기 때문이다. 정치도 마찬가지다.

믿을 수 있는 유능한 정치지도자라면 국민들은 장기집권에 반대만 하지 않는다. 국가가 번영하고 국민이 평안한데 바꿀 이유가 없지 않은가?

그리고 독재나 장기집권이 두려워 임기를 단축하고 제한하는 것이 민주주의의 표상이고 상식처럼 생각한다면 매우 잘못된 민주의식이다. 5년 단임제는 보드블록 정치(임기 내에 예산만 축내고 포장만 하는 업적정치)를 유도하는 잘못된 제도다. 정치지도자는 누구나 임기내에 뭔가를 해놓고 내려오려는 명예심리가 있으며 이명박의 4대강 사업이나 해외 유전개발 등이 대표적 사례다. 자신도 모르게 서두르게 되어 순리대로 추진하지 않고 거대한 모래탑만 쌓다 보니 국가정책이나 사업이 뒤죽박죽이 되어 국민의 부담만 늘어난다. 4년 중임제로도 깊은 정치철학을 가지고 국가정책을 펼치기에는 턱없이 부족하다.

최소한 15~20년의 원대한 계획을 잡고 실행에 옮겨야만 훌륭한 결과가 나온다. 곤줄박이와 노스님의 진정한 교감도 10년이 걸리고, 레오나르도 다빈치가 십수 년 동안 수십 번의 덧칠로 완성된 '모나리자'를 연상해 보면 답이 나온다. 박정희의 집권기간이 5년 단임이었다면 오늘날의 경제기적은 없다.

여야가 서로 권력 나눠먹기를 하는 것이 민주주의라 생각한다면 정말 큰 오산이다. 유능한 정치리더에게는 더 많은 기회를 주는 임기 제도를 불안해 하고 장기집권의 해악만을 지적해서는 안 된다.

'4년 중임 더블제도'로 최장 16년의 집권기간을 주어야 한다. 독일과 러시아 등이 이미 장기집권의 정치제도를 운영하고 있고 중국도 그 중차대함을 국민에게 설득하고 제도화하려고 애쓰고 있다. 오바마도 이러한 신정치의 임기 제도에서 4년을 쉬고 난 뒤 다시 4년 중임을 더 할 수 있는 정치여건이 주어졌다면 미국도 많은 정치발전이 있었을 것이다. 조선시대 에도 장기집권한 왕들이 가장 훌륭했다.

세종대왕(32년 집권)이나 영조(52년 집권)도 5년 단임이나 4년 중임의 민주주의 시대에 집권했다면 훈민정음이 창제되지 못했거나 탕평책과 균 역법도 나오지 않았을 것이다. 특히 세종시대에 황희는 18년동안 영의정 으로 재직했으니 능력있는 두 지도자의 장기집권이 조선시대는 물론 세계 에서 가장 훌륭한 정치를 이룩한 것이다.

장기집권을 애초부터 막아버리는 민주주의는 역량있는 정치지도자를 키워 내지 못하는 정치제도이기에 정치후진국을 면할 방법이 없다.

004

결선투표(빨간표와 파란표)

3명이 싸우거나 5명이 싸운다면 누가 가장 잘 싸우는지 알 수 있을까? 역시 양자대결로 싸워야 승패에 명쾌한 구분이 되어 어느 누구라도 이의를 제기할 수가 없다. 최고로 능력 있는 지도자가 묘하게 표가 나뉘어 떨어지고 무능한 지도자가 운이 좋게 당선되어 국가를 이끌어 간다면 국민에게 얼마나 큰 손실을 입힐까? 결선투표를 거치지 않고 정치지도자를 뽑는다는 자체가 너무나 어리석고 근본적 모순을 가지고 있는 것이다. 결선투표가 제도화되어 있지 않는 국가라면 사실상 민주주의를 포기한 국가라 말할 수 있다.

50% 이상의 지지를 받는 지도자만이 화합과 소통의 표상이 될 수 있으며 그 이하의 지지로 올라온 지도자라면 갈등유발자일 뿐이다.

정권출발부터 '저 후보가 출마하지 않았다면 그 표가 내게로 와 당선될 수가 있었는데.' 또는 '제 3의 정당에서 가져간 표가 우리당에 왔다면 정권을 잡을 수 있었는데.'라는 아쉬움과 불만들이 끝없이 쌓이는 정치무대에 무슨 화합과 이해의 가능성이 보이겠는가? 결선투표방식의 투표과정이 복잡하다거나 거추장스럽다고 해서 포기해야 할 일이 아니다. 국민의 마음을 깊이 헤아리고 그것을 반영해 주는 가장 승화된 민주정치인 것이다.

그러므로 기존의 다선투표를 결선투표의 효과를 내는 운용의 묘를 살릴 방법을 반드시 연구해야 한다. 예를 들어 대선이든, 각종 의원선거든 1~2위를 찍지 않은 자들의 사표를 1~2위 쪽으로 모아지는 선거방식을 짜내면 된다. 선거권자에게 1순위 빨간표와 2순위 파란표를 두 장을 주어 1순위에 찍었던 후보가 1~2위에서 밀려나면 2순위 파란표에 찍은 후보 쪽으로 표의 효력이 발생되는 선거방식이다. 획기적인 결선투표방식이 될 것이다.

이제는 단순하고 경직된 투표방식을 바꾸어야 한다.

내가 찍어 주고 싶은 후보가 두 명인데 우선순위로 찍은 후보가 3등 이하로 밀리면 차선으로 찍은 후보에게 표가 가기를 바라는 유권자의 바램을 국가가 인정해 주는 제도야말로 사표를 줄이고 국민의 생각을 더욱 섬세하게 반영해 주는 고품격의 선거제도인 것이다.

그래야만 정체성이 다르면서 야합하고 이합 집산하는 후진정치를 막을 수 있다. 이처럼 올바른 지도자를 뽑는 가장 근원적이고 동시에 민주정치의 시금석과 같은 결선투표를 모른 체 내팽개쳐 놓고 정의와 개혁을 외치고 있는 정치지도자들을 보면 추하기보다 구역질이 나온다. 근본이 바르지 않는 제도(다선투표제) 위에는 그 어떤 튼튼하고 강건한 기둥(공정선거)을 올려도 결국 민주주의의 파멸이 온다는 정치의 진리를 외면하는 그들에게 두통과 현기증을 느끼기 때문이다.

이러한 결선투표를 제도화하지 못하면 국민들께 부끄러워 제대로 서 있지도 못하는 양심을 가진 자가 바로 신정치인인 것이다.

005

지금 대통령 책임제 맞습니까?

대선후보들은 선거기간에 가는 곳마다 '모든 권력은 국민으로부터 나와야 한다.'고 외친다. '국민을 두려워해야 한다.'고도 말한다. 국민입장에서는 듣기 좋은 소리지만 국민을 비웃는 언행이다. 사실은 국민을 두려워하지 않는다. 그런 말만하고 뒤로는 깨춤을 추며 자신의 유익과 안위에 집착한다. 당선만 되면 끝이고 집안의 경사요, 개인적 명예라고 생각할 뿐이다. 법률적으로는 대통령 책임제이지만 내용면에서는 대통령 무책임제이기 때문이다. 국민으로부터 엄청난 권력을 위임받고 개인의 영달에만 매달려 나라를 엉망으로 만들어 국민으로부터 실망과 원성만 안겨 주었다면 법적책임을 지는 것이 진정한 대통령 책임제다.

투표로 위임받아서 권력을 사용했으니 임기후에도 투표로 그 책임을 져야 한다. 잘할 것 같아서 찍어줬는데 국민에게 자신의 무능과 양심을 사치스럽게 포장한 사기꾼에 불과하므로 국민으로부터 응당의 책임을 지는 것이 진정한 대통령 책임제이다.

국민들은 투표가 권력의 시작을 결정짓는 권리만으로 생각해서는 안된다. 권력의

끝도 투표로서 심판해야 할 권리를 찾아야 진정한 국민의 권력이 된다.

잘할 것 같아 투표로 선출해 주었는데 그후 너무 실망시키는 행위를 하면 투표로써 법적인 형벌을 가하는 힘을 지녀야 한다. 그들이 말한 대로 모든 권력은 국민으로부터 나오기 때문이다. 국민은 괴로워도 권력자와 함께 했던 측근들은 축제로 끝나지 않도록 단단히 벌을 주어야 한다. 이를 위해 국민의 권력을 법제화해야 한다. 가차없이 엄벌하도록 해야 함부로 대선후보로 나서지 않을 것이다. 대통령을 선출할 때는 전임 대통령의 정치수행도도 함께 투표해야 한다는 의미다. 만일 70% 이상이 '잘못했다'고 나오면 그 다음 날로 즉시 10년 이상의 감옥살이를 하도록 해야 한다. 한 사람에게 사기를 쳐도 수 년을 감옥에 가야 하는데 국민을 상대로 고통을 주었으니 예의를 갖춘 최소한의 형벌이다. 신정치인은 '이러한 법안이야말로 너무나 당연한 정치제도의 근간'이라고 확신하고 정치무대를 바라보아야 하며 이 법안을 현실화시키는데 앞장서야 한다.

가장 핵심적인 권력을 국민에게 돌려주기 위해서이다. 이러한 제도가 확립되면 투표율도 오르고 국민만을 위하는 아름답고 멋진 대선축제가 되며 서로 헐뜯거나 추잡한 경쟁이 사라지며 유능하고 진정한 정치지도자들이 많이 배출될 것이다. 국민들은 왜 이런 권력 후의 책임을 묻는 투표에 여태 껏 무심했던가? 가난하거나 배고파서 옷이나 빵을 훔친 서민도 감옥에 가는데 나라를 망친 대통령을 구속시키는 것이 가슴 아프고 괴롭단 말인가? 구정치인들이 모른 체하고 뒷짐지고 있으면 국민들이라도 나서서 반드시 관철해야 할 중대한 법안이다. 한국의 정치학자들은 세계 어느 선진국에도 없는 정치제도라고 말하겠지만 한국이 이러한 법안을 가장 먼저 시도해야 하지 않는가?

　'검정색이 모든 칼라를 지배하듯 국민의 권력은 권력자의 권력을 지배한다.'는 신민주주의의 기본철학을 한국이 가장 먼저 법제화시켜 시행해야 하지 않는가? 그리고 투표결과가 5% 미만의 지지를 받은 대선후보들은 국가가 지출한 대선비용 중에 그들에게 사용된 비용을 책임지게 하는 추가법안도 반드시 마련해야 한다. 국가 예산의 낭비도 줄이고 우후죽순처럼 출마하여 이력이나 챙기려는 벌레같은 대선후보들에게 경종을 울려야 하기 때문이다.

006
연령별 비중투표제와 결선투표제

    구정치인들은 선거연령에 매우 민감하다. '낮춰야 한다.'와 '아직 이르다.'의 사이에서 각종 토론이 벌어지고 감정싸움까지도 서슴치 않고 시간만 헛되이 보내고 있다. 이제는 혁신적 발상이 필요하다. 만 18세에게 투표권을 주어야 한다. 정치적 결정을 할 수 있는 능력이 없다고 볼 수는 없다. 그러므로 반대할 이유가 없다. 투표는 민주주의가 존재하는 한 계속될 것이고 가능한 한 많은 사람에게 그 권한을 부여하는 것은 바람직하다. 그러나 생각해 봐야 할 일이 있다. 누구나 나이를 먹어 간다. 그리고 연륜이 쌓일수록 더 깊고 폭 넓은 사고를 하게 된다는 것은 부정할 수가 없다. 스스로 고희를 맞은 후 젊었을 때의 섣부른 판단과 결단을 생각해 보면 정답이 나온다. 정치적 결정을 지혜롭게 하는 것에는 지식, 소양, 전문성, 연령(경륜) 등 다양한 요인들이 있지만 이 중에서 형평성에 문제가 되지 않는 연령에 표의 비중을 두는 선거제도로 개혁해야 한다. 18~49세는 1표, 50세 이상은 2표를 주는 것이 가장 이상적이라고 감히 말하고 싶다. 연륜에 따라 표의 비중을 달리하는 선거제도야말로 국민의 지혜를 투표로써 농축시킬 수 있는 최상의 민주주의임과 동시에 진정한 평등이다.

신입사원으로 입사해서 경력사원이 되어도 연봉이 그대로라면 당장 불만을 터뜨리고 능력을 인정해 주는 타회사로 가버리지만 지도자를 바라보는 판단가치성을 몰라 주고 절대적 평등법(1인1표제)만을 고수하고 있는 정치제도에는 어찌 그리 관대한가?

개인의 물질적 이득에는 예민하면서 국가의 운명과 직결된 '연령별 비중투표제'에는 너무나 무심하다. 우둔한 민주주의의 연속일 수밖에 없다. 누구나 그 나이를 거치기에 절대로 불평등하지 않다. 선거연령에 대한 진보와 보수의 끝없는 당리당략적 논쟁은 무의미하며 사회적 갈등과 분열만 야기시켜 민주주의의 파멸만 앞당기게 될 것이다. 아직까지는 낯설어 반민주주의나 불평등으로 곡해하기 쉬워 시간이 필요한 '연령별 비중투표제'와 지금 당장 실시해야 하는 '결선투표제'가 정착시키게 되면 국민의 지혜를 더욱 농축시켜 투표에 반영될 수가 있고 과반수가 진정으로 원하는 정치지도자를 뽑게 되어 오늘날의 저급한 민주주의를 선진 민주주의로 끌어 올릴 수가 있다. 성숙한 민주주의를 위해 이 둘보다 더 중요한 선거제도가 어디 있겠는가?

007

1만원(재래시장 상품권)을
투표비로 주어야 하는 이유

투표는 민주주의의 핵심이며 투표하는 날은 축제의 날이 되어야 한다.

국민의 의무요, 책임이지만 그날만큼은 어느 공휴일보다도 기분이 맑고
상쾌해야만 좋은 후보를 찍을 확률도 높아진다.

국가는 이러한 국민적 분위기를 조성하기 위해서라도 투표자에게 1만
원을 줄 의무와 책임이 있다. 전 국민에게 한 달에 30원만 주겠다는 선거
공약을 내놓은 대선후보도 있는데 4년에 한번씩 1만원 주는데 무슨 문제
가 있는가? 물론 부정적인 측면을 주장하는 학자들도 있고 '신성한 권리와
의무를 물질과 연계시켜서 되겠는가?'라는 명분에 집착하는 자들도 있겠
지만 서민들에게 1만원은 물질이라기보다 한 그릇의 국밥이나 목욕비처럼
대중적 삶의 활기이며 다음과 같은 4가지의 큰 장점을 가지고 있다.

첫째. 투표도 노동이다. 국민들에게 식사라도 한 끼 하라는 의미다.

둘째. 누구를 찍어야 할지 조금이나마 신중해진다.

세째. 내수경기에 도움이 된다.

네째. 투표율을 최소한 10%는 더 올릴 수 있다.

008
효율적 선거공영제의 정치적 가치

신정치의 첫 개념은 '많은 돈이 필요치 않는 정치'다. 돈이 많이 필요한 정치는 반드시 썩게 되어 있다. 그러나 구정치인이나 국민들은 '돈 없이 무슨 정치를 하겠나?'라고 의구심을 가진다. '돈 없이 정치한다는 것은 경험 없는 자들의 허공논리일 뿐이다. 그런 신정치는 앞으로 천년이 지나도 없다'라고 막말을 하는 자도 있다. 신정치를 원하면서도 신정치의 관문조차 꽉 막아 버리는 영혼들이다. 자식을 너무나 사랑해서 많은 재산을 모아 상속시켜 주려 하니 서로 싸움질만 하는 것을 보고서야 후회하는 '꽉 막힌 졸부들'과 뭣이 다른가? 이런 자는 아무리 유명한 지식인이라 해도 신정치를 말할 자격이 없다. 신정치의 시작은 돈이 많이 들지 않는 정치에서부터 시작하는 것이니까. 이러한 신정치로 가는 길에는 선거공영제가 있다. 국민의 혈세를 줄이기 위해 가장 효율적이고 합리적인 선거공영제를 만들어야 한다. 선거가 끝난 후에 1~2위를 뺀 나머지 후보들에게는 공영제로 쓰인 선거비용의 100%를 되돌려 받을 수 있도록 재산담보 조치를 해야 한다. 가능성도 없는 후보가 함부로 출마했다가는 세금부과로 패가망

신한다는 철칙을 만들어야 한다.

　그리하면 19대 대선처럼 15명의 후보가 난립하여 국가 예산을 헛되이
낭비하지 않게 된다. 선거공영제가 자리 잡히면 뼛속까지 서민인 정치인들
이 하나 둘 정치무대에 들어서게 되고 이들이 국회의원의 과반수가 넘게
되면 그때부터 진정한 신정치가 시작된다. 구정치의 프레임으로는 아무리
개혁을 외쳐도 아무리 국민을 위한다 해도 아무리 부정부패를 없앤다 해
도 아무리 계파 없는 정치를 외쳐도 허공 속에 메아리일 뿐이다. 그러나
신정치가 시작되면 다르다. 저절로 개혁이 시작되고(그걸 개혁이라 하지
않고 당연이라 말한다) 저절로 서민이 주인인 시대가 열려 사치나 호화판
이 사라지고 저절로 부정부패나 패권주의적 계파가 사라져 버린다.

009

도날드 트럼프의 탄생

트럼프는 재벌이다. 그의 저택은 궁궐보다 더 화려하다. 이러한 정치지도자는 경제를 살릴지는 몰라도 국민적 갈등과 분열만을 일으키는 경제지도자일 뿐이라는 것이 바로 신정치 이론의 바탕이다. 돈을 많이 벌어 풍요로워도 증오와 불신으로 싸움이 끊이질 않는 가정의 가장과 같다는 의미다. 일류국가라고 자처하는 미국에서 어떻게 이런 지도자가 나왔을까? 그건 당연한 일이다. 기존의 정치에는 어차피 실망이고 생활 또한 팍팍한 국민들이 오직 경제에만 목이 매어 트럼프를 찍었다. 갑질을 하든, 성폭행을 하든, 막말을 하든 제발 경제를 살려 달라고 호소한 것이다. 미국이 가난한 국가라면 이해가 되지만 이번 트럼프의 탄생은 국민의 잘못된 판단이다. 물론 상대후보인 힐러리 클린턴도 트럼프 승리하는데 일조했다. 겉으로는 모범생처럼 보이지만 진정성이 보이지 않는다. 많은 돈을 받고 강연을 하는가 하면 국가기밀을 너무나 안이하게 다루었고 거짓말을 너무 쉽게 한다. 전형적인 구정치인이다. 도날드 트럼프나 힐러리 클린턴이나 둘 다 진정성을 가지려고 노력하는 것만큼은 틀림없다. 그러나 트럼프는 진정성의 개념자체를 깊이 이해하지 못하고 있고 클린턴은 진정성이 있는 체하는 정치인이다. 미국인들은 진정성을 깊이 이해하고 행하는 정치인을 원하기에 두 후보들에게는 신물이 났고 어차피 정치는 희망이 없으니 경제만 보고 택한 것이다. 어쨌든 미국은 쇠락의 길을 걷게 되어 있지만 트럼프가 더욱 앞당기게 되었다. 그 이유는 트럼프주의는 권위주의와 황금만능주의 그리고 국익최우선주의로 무장한 구정치인로 가득 차게 할 것이고 눈앞에만 화려한 정치를 선보일 것이다. 그리고 돈을 뿌리는 축제로 알려진 미국의 대선방식 자체가 썩을 수밖에 없는 증거물이며 트럼프를 잉태했다. '효율적 선거공영제'를 실시하지 않는 국가는 모두 돈의 정치를 할 수밖에 없고 썩은 정치로 향한다. 트럼프의 후유증이 심각하게 나타날 수밖에 없다.

010
고위공직자나 정치인들의
연금제도

　장관을 하고 나면 연금을 준다. 왜 주나? 국민이 장관까지 올려주었으면 그 명예만이라도 고마워서 고개 숙여 절을 해야 하지 않나? 고위공직에서 퇴직을 하고 나면 강사나 교수를 해도 충분히 먹고살 수 있는데 왜 국민의 혈세를 빨아먹고 살려고 하나? 국민에게 조금이라도 힘이 덜 들게 하는 것이 정치인과 고위공직자들의 핵심적 임무인데 기득권만 챙기려고 한다. 그들은 유명세가 있어 국민들로부터 어디에 가도 신뢰받을 수 있는 자격증을 받은 것이나 마찬가지다. 퇴직 후 농사를 하든, 장사를 하든, 직장을 다니든 무엇을 하려 해도 쉽게 할 수 있고 국민들의 도움을 또 받게 된다. 노후생활을 골프나 치고 서민과 다르게 살려고 하니 연금제도에 안간힘을 쓴다. 국민들에게 큰 도움을 받았음에도 군대에 가는 아들은 비전투부대나 편한 부대에 복무시키려는 편법을 쓰며 서민의 자녀들을 골탕 먹이고 있다. 연금을 주려거든 고위공직을 그만둔 후에도 정말 형편이 어려워 무주택자로 확인된 자에게만 한정해서 줘야 한다.

　신정치에서는 고위공직자나 정치인의 연금은 없다. 국민들이 그만큼(명예, 보수,

각종 혜택 등) 도와주었는데 더 이상 무엇을 달라고 하는가? 이것이 연금제도에 대한 신정치의 기본개념이다.

노트

- -
- -
- -
- -
- -
- -
- -
- -
- -
- -

011

금빼지 자체를 없애야 한다

국회의원이 되면 양복을 자주 입는다. 아니 거의 매일 입는 듯하다. 그리고 양복의 왼쪽 칼라나 주머니 위에 금빼지를 단다. 금빼지를 달기 위해 칼라가 있는 양복을 입는 걸까? 아마 그런 이유도 있을 것이다. 캐주얼을 입으면 금빼지를 달기가 쉽지 않을 테니까. 양복을 입는 것이 국민에 대한 예의와 획일성을 느끼게 하고 멋지게 보일지 모르지만 깊이 생각해야 할 여지가 많다. 일단 국민들은 양복을 입든, 캐주얼을 입든, 금빼지를 달든, 은빼지를 달든 관심이 없다. 캐주얼만 입어도 정치만 잘한다면 그런 예의는 신경을 쓰지 않아도 된다는 의미다. 이것을 한번 깊이 생각하는 정치인이 있을까? 구정치인은 '금빼지는 당연히 다는 것인데 생각할 것이 뭐 있나? 참 별 것까지 다 시비 거네.'라고 말할 것이다. 왜 금빼지가 생겼는지 생각해 보자. 옛부터 정치인은 황금과 밀접하게 연결되어 있었다. 왕관이나 옷에 주렁주렁 달았다. 권위주의는 영혼탐욕의 상징이라면 금은 물질탐욕의 상징이다. 탐욕을 가장 먼저 버리고 임해야 할 정치인이 탐욕의 상징을 달고 다닌다? 이런 권위주의 시대에 잔재했던 의식을 가지고 당연한 듯 달고 다닌다는 것 자체가 이미 신정치의 개념과 거리가 먼 것이다. 정치인의 복장은 서민을 대변하는 것이 올바르다. 편한 복장으로 삶의 현장을 누벼야 한다. 환경부 직원과 진정한 대화를 나누기 위해서는 함께 쓰레기도 치우며 대화해야 하고 농부와의 대화를 위해서는 직접 밭에 나가서 뜨거운 햇살 밑에서 구슬땀을 흘리며 일해야 하는데 양복을 입고 도대체 무슨 행동하는 정치인이 되겠는가? 갑자기 어떤 상황이 벌어지는 경우도 있는데 양복 입고 뒷짐지고 있을 것인가?

신정치인은 특별한 경우를 제외하고는 양복 입고 금빼지를 달면 안 된다. 달고 있는 것 자체가 매우 거추장스럽고 거부반응이 일어나는 것이 바로 신정치인의 기본적 생리반응이 되어야 된다. 서양문물과 구습적 권위주의에 빠져 있는 것 자체가 정치발전에 도움이 되지 않는다.

그리고 금빼지 자체를 없애야 한다. 그게 무슨 소용이 있는가?

012

사형제 폐지가 신정치?

정치인들의 다수가 '전세계적으로 사형제를 폐지하는 추세'라고 떠들어 댄다. 그리고 대통령이 몇 번이나 바뀌는 동안에도 사형을 집행하지 않고 있다. 사형제를 폐지해도 극악무도한 범죄가 늘어나지 않는다는 통계도 있다고 한다. 물론 어떤 식으로 여론조사를 하느냐에 따라 그럴 수도 있을 것이다. 그리고 사형제를 주장하는 자는 시대에 뒤떨어지거나 인간의 생명존중에도 무심하며 추세도 모르는 무지층으로 평가하는 사회적 분위기에 휩쓸려 있다. 그러다보니 소신없는 정치인들은 비민주적 개념을 가졌다고 오해받을 것이 두려워 사형제 폐지를 주장하는 자들도 있다. 그러나 사형제야말로 진영논리도 지식의 유무도 생명존중의 개념도 뛰어넘는 상식의 논리를 가져야 한다. 두 가지의 상식만 사색해도 답이 나온다.

첫째. 인권과 생명존중에 대한 이중적 태도다. 사형제 폐지를 주장하는 자들은 인권과 생명의 존귀함을 강조한다. 그러나 인권을 무참히 짓밟히고 희생당한 개인에게는 용서와 인내와 배려를 외치면서 상대를 파리목숨처럼 생각하고 인권을 무참히 짓밟는 살인자에게 그 생명의 존귀함과 인권을 보장해 주어야 한다는 사형제 폐지론자야말로 인권의 가면을 뒤집어 쓴 가장 비민주적이고 무책임한 이중성을 가진 자다. 아무리 차원이 높은 민주적 논리라도 이러한 간단한 상식을 넘어설 수는 없다. 술에 취해 경찰관에게 침을 뱉거나 뺨을 후려치는 자에게는 팔을 꺾어 버려도 정당한 행위라는 것이다. 나의 인권은 남의 인권을 중요시 여기는 자에게만 존중되어져야 한다.

둘째. 본인이라는 입장에서 생각하자. 사형제 폐지를 주장하는 자들에게 묻겠다. 그대가 그토록 사랑하는 부모자식과 부인을 하루 아침에 이유 없이 싸늘한 죽음으로 만든 살인자를 그냥 살려 놓고 싶은가? 그것이 진정 그대의 마음인가? 모든 법과 제도는 평등과 헌신과 봉사와 인권과 희생도 좋지만 가장 중요한 출발선은 진정성이다. 사형제야말로 진정성을 가지고 접근해야 한다. 대중의 눈치를 보고 그저 용서와 이해와 화합만을 주장하기보다는 나의 일처럼 느끼며 무엇이 진정한 처신인지를 생각하고 제도화시켜야 한다. 사형제도가 있음에도 집행하지 않는 대통령은 분명한 직무유기다. 희생당한 가족들이 사형을 원하지 않으면 몰라도 간절히 원하면 법대로 사형집행을 하는 것이 상식이다. 일반적으로 나의 입장에서 정당하다고 생각하는 것이 알고 보면 국민의 입장이고 곧 정의다. 상식을 외면한 고품격의 제도는 없다. 사형제 폐지를 주장하는 정치인들은 희생당한 가족들에게 '그래도 이해하고 참아야 한다'는 생각을 강제할 수 있는 권리가 있는가?

당사자가 아닌 절대다수의 국민도 사형제 폐지보다는 존속을 더 원하고 참혹한 죽음을 당한 자의 가족들만의 여론조사는 95% 이상이 사형제 존속을 절실히 원하고 있다. 정치인들은 좀 솔직했으면 좋겠다.

013
신정치는 동사무소의 역할을 중시하는 정치

동사무소에 가면 시민단체 모임이 여러 개가 있다. 방위협의회, 바르게 살기 모임, 새마을 부녀회, 자유총연맹 등등이다. 기득권을 유지하기 위한 단체나 이념에 기울어진 단체도 있다. 동사무소는 주민의 피부에 와 닿는 가장 소단위 국가조직이기에 그 역할은 너무나 중대하다. 동민들의 의식이 바뀌면 국민의식이 바뀌기 때문이다. 이러한 개념을 중시하는 정치인이라면 동사무소의 중대성을 실감해야 한다. 전통 문화계승도 좋고 특화사업도 좋다. 그러나 그러한 것도 동민의식이 올라와야만 더욱 발전된다. 책을 읽고 그림을 그리는 동민들이 많아질수록 동민의식은 자연스레 높아진다. 동사무소 주최로 1년에 2회 이상 글쓰기와 독후감쓰기, 그리고 그림 그리기와 공작품 만들기 대회를 진정성을 가지고 활성화해야 한다. 연중 행사들 중에 가장 많은 예산이 들어가도 좋다. 인간의 사색의 폭과 깊이는 이러한 창조적 영혼을 확장시키는 것이 매우 효과적이며 국민의 감성이 살아나고 판단력과 통찰력이 성숙되어 국민화합과 일체감을 고취시켜 국가발전에 큰 도움을 준다.

감성이 살아있는 국민은 문화를 더욱 사랑할 수밖에 없고 문화를 사랑하는 정치인이야말로 기득권을 과감히 내던질 수 있는 신정치인이다. 사회적 갈등과 분열은 문화의식을 고취함으로써 희석될 수 있다는 확고한 신념을 가진 정치인만이 행복의 나라를 건설할 수 있는 능력이 있다.

모세혈관의 상태가 정상적이고 활발하면 심장과 폐는 말할 필요도 없이 건강하다.

신정치인이라면 동사무소의 역할에 큰 관심을 기울일 것이고 20~30년 후의 국민의식은 엄청난 변화가 있을 것이다. 세계적 작가나 화가들이 배출되어 100년 후의 대한민국은 세계문화사업의 선두주자가 되어 문화관광지로서의 긍지를 가지게 될 것이다.

014
형량하한제는 신정치의 상식

세상이 매우 어지럽다. 종교원리주의자들이 들끓고 극우단체들이 판친다. 극으로 가면 극한 찬사를 받기에 더욱 심해진다. 극을 선택하면 따르는 맹신주의자들이 늘어나는 이유는 뭘까? 그 이유는 너무나 간명하다. 각 분야의 리더들이 세상을 제대로 읽어내지 못하고 개인의 이득에만 집착해 있기 때문이다. 정치인들이 이권을 챙기고, 판·검사들이 로비에 휩싸여 거액의 뇌물을 먹고, 경찰들이 음주운전을 하고 조폭과 어울려 비리를 저지르고 묻지마 살인이 밥 먹듯이 일어난다. 법을 식은 죽 먹기로 알고 있다. 자본주의에서 법을 무서워하지 않는 풍조가 만연하면 그 사회는 막판이다. 돈만 되면 무엇이든지 저지르고 만다. 범법은 돈으로 막으면 되니까. 이런 사회가 되면 사회적 불만이 극에 달하면서 급진주의, 원리주의가 득세할 수밖에 없다. 세상이 돌이킬 수없는 부패와 비리에 젖어 있으면 그들에게라도 일말의 기대감을 갖게 되는 대중심리가 극대화되기 때문이다. 이러한 극단주의자나 원리주의자를 사라지게 하기 위해서는 가장 중요한 과제가 있다.

상식의 사회를 만들기 위해 부패와의 전쟁을 해야 한다. 그러나 구정치인들은 항상 부패와의 전쟁을 부르짖는다. 그러면서도 부패는 더욱 기세를 부린다. 부패를 증폭시키는 제도는 모른 체하고 부패의 잎사귀에만 살충제를 뿌리고 있으니까.

부패의 뿌리를 뽑는 가장 효과적인 방법이 있다. 형량하한제다.

예를 들어 똑같은 죄값에 '5년 이하의 징역이나 2000만원 이하의 벌금.'이라는 형량상한제보다' 1년 이상의 징역이나 재산의 10% 이상의 벌금.'이라는 형량하한제가 훨씬 엄정하고 평등한 사회를 만든다.

그리고 부자나 재벌들이 막강한 인맥이나 변호인을 돈으로 매수해도 빠져나갈 방법이 없다. 이처럼 형량하한제는 판사의 재량권에서 벗어나 있는 기본적 형량이 있기에 법조계의 비리도 급격히 줄어들 수밖에 없다. 그리고 법을 좀 알고 그 주위를 맴돌며 서민들을 갈취하는 파렴치한 지식인들 또한 점차 사라질 것이다. 구정치인들은 어떤 명분을 만들어서라도 지금의 형량상한제를 지키려 한다. 판사나 검사에게 자신의 입김을 불어넣을 수 있는 여백이 있어 청탁이 줄을 잇고 정치자금을 더 많이 모을 수 있으며 재벌 길들이기에도 용이하다. 구정치인은 이러한 잘못된 기득권부터 내려놓고 어깨에 힘을 빼야 한다.

정치는 제도이전에 정치인의 품격이 우선하지만 법률은 국민의 품격 이전에 제도가 우선한다. 아무리 강한 의지를 지니고 있더라도 부패할 수밖에 없는 법을 만들어 놓고 부패와의 전쟁을 외치는 구정치인들에게 무슨 진정성을 바라겠는가?

결국 그들도 부패하고 국민도 부패하는 환경만 조성시키며 국민성만 추하게 만들 뿐이다.

신정치는 형량하한제에 그 뿌리를 둔다. 형량하한제는 '나쁜 짓을 하면 무조건 교도소행이다'라는 사회적 인식을 만들어 주기에 법규를 철저히 지키고 인간을 음

흉하게 만들지 않는다. 부패와 비리 그리고 각종 범법행위 근처에도 가기 싫어지게 하니 사회적 영혼 또한 맑아지는 법이다.

　어떤 권력도 법망을 흔들 수 없는 법이기에 신정치가 반드시 추진해 나가야 할 법이다.

노트

015

배운 만큼 누진적 처벌이 필요해

부산의 유명 대학병원의 의사가 제약회사로부터 4000여만원의 리베이트를 받은 것이 적발되어 징역 6개월에 집행유예 2년을 선고받았다.(2017.2.24 뉴스) 그리고 나머지 4명에게는 벌금형을 내렸다. 최고의 학부를 지녔고 특히 히포크라테스 정신을 본받아야 할 그들이 탐욕의 영혼을 가지고 있는 것이다. 의사면허취소가 되지 않았으므로 그들은 좀 쉬다가 다시 의사로서의 역할을 하게 된다. 그리고 또 다시 그 짓을 하게 될 것이다. 걸리지 않을 확률이 99%이기 때문이다. 국민의 건강을 담보로 그 짓을 하니 마약사범의 범죄나 다름없다. 이러한 솜방망이 법으로 사회를 운영하다보니 리베이트 사건이 끊이질 않는다. 적발되지 않으면 큰돈을 벌 수 있으니까. 국가자격고시 문제나 학교 시험지 유출문제도 그렇다.

문제지를 관련 학원가에 빼돌려 쪽집게 강사로 행세하며 사회에 대혼란을 주면서 자신은 큰돈을 버는 자도 많다.

이처럼 사회를 좀먹는 범죄는 무지한 자보다 배운 자가 더 큰 문제다. 뇌물의 금액도 더 크고 매우 교묘해서 적발하기가 쉽지 않다. 언제까지 이런 솜방망이 법을

끌고 갈 것인가? 전기요금의 누진제처럼 세부적 기준을 마련하여 똑같은 범죄라도 배운 자일수록 더 큰 처벌과 징계를 하는 것을 제도화해야 한다.

구정치인들은 이러한 뉴스에 잠시 걱정만 하다가 곧 무심해지겠지만 신정치인이라면 그냥 넘어갈 수 없다. 배운 자의 범죄를 우선적으로 누진 처벌하는 법안을 만들어 의료계의 리베이트나 문제지 유출이 없는 사회를 국민들에게 선물해야 한다.

노트

016
재산비례 벌금제

승용차가 주차위반을 하면 40000원의 벌금이 나온다.

있는 자에게는 별 것도 아니지만 가난한 자에게는 부담되는 금액이다. 생계유지를 위해 1톤 트럭으로 거리를 누비며 야채나 과일 등을 팔다 보면 주차위반에 걸리고 그날의 수익 중 절반은 국가로 헌납해야 한다. 국가는 이러한 벌금을 재산상태에 따라 부과하는 제도로 승화시켜야 한다. 그래야만 자연주의적 민주주의에 부합되는 일이다.

예를 들어 저축금액이 1000만원 이하이고 무주택자인 경우는 50% 경감해 주고(2만원) 재산이 10억 이상인 경우는 재산의 0.01%(10만원 이상)의 벌금을 부과하면 적절하다. 재산이 100억인 자가 주차위반을 하면 100만원의 벌금을 내야 하는 것이다. 그리고 면허취소에 달하는 음주운전의 경우에는 300만원의 벌금을 내고 있다.

이 또한 1000만 원 이하의 저축금을 가진 무주택자가 면허취소의 기준에 해당하는 음주운전을 하면 150만원의 벌금이 부과되고 10억 이상의 재산을 가진 자에게는 1%의 벌금을 부과하면 적절하다.

100억의 재산을 가진 자가 음주운전에 걸릴 경우 부과되는 벌금은 1억이다. 반드시 대리운전을 애용할 것이다. 이처럼 모든 벌금은 재산에 따라 부과되어야 한다. 부자들은 폭탄세를 맞는다고 하겠지만 그들도 서민이 되면 오히려 고마워할 것이다. 그리고 이러한 벌금은 가능한 국가의 빚을 갚는데 사용해야 한다.

노트

017
신정치와 상속제도

누구나 자연을 어머니 품속처럼 느낀다. 그래서 인간은 자연을 자연스레 사랑하게 된다. 사랑하지 않을 수가 없는 것이다. 자연의 이치 속에는 평화의 뿌리가 내재되어 있기 때문이다. 자연속의 생존경쟁과 먹이사슬의 실체만을 확대하면 불안과 공포의 세계로 보이지만 이러한 냉엄함과 냉정함은 평화의 공존을 위한 날개 짓일 뿐이다. 그러나 인간들은 그 냉엄함과 잔혹함만을 확대시켜 선과 악으로 구분하고 그 '날개 짓'을 악의 행위로 비웃으면서 그 차별화를 추구한다. 이성을 가진 유일한 동물로서의 덕목을 생각했던 것이다.

바로 인정이다. 물론 인정도 좋다. 인간애이니까. 그러나 자연의 이치를 거스르는 인정까지는 무의미하다. 무의미한 차원을 넘어 사회적 재앙이 되기도 한다. 바로 인정에 탐욕이 혼합될 때가 그렇다.(탐욕은 이성이 변질될 때 파생되며 본성에는 욕심은 있어도 탐욕은 없다.) 자연에는 존재치 않는 탐욕을 지닌 채 인정을 말하는 것은 골초가 건강을 부르짖는 꼴이다.

그 탐욕의 증거가 바로 살육과 전쟁의 역사다. 세종처럼 문화를 창조한 역사라면 중요한 삶의 지혜이기에 섬세하게 가르쳐야 하지만, 징기스칸처럼 전쟁을 일으켜 무고한 백성들을 죽음으로 몰고간 탐욕의 역사까지도 성공이나 명예의 개념으로 아이들에게 가르치고 있는 것이다. 오늘날 인간사회가 탐욕적 성공에 중독되어 가정이나 이웃이 갈등에 휩싸이고 자연은 훼손되어 환경재앙에 이르는 이유이기도 하다. 참으로 모순으로 가득한 인정이다. 만물의 영장이라 자처하면서도 너무나 비이성적이고 비본성적 인정인 것이다.

다른 예도 있다. 많은 재산을 자식들에게 상속시키는 인정이다. 삶에 반드시 필요한 만큼의 재산상속이야 사유재산 보호차원에서도 권장해야 하지만 과도한 재산의 상속은 자연의 이치에 위배될 뿐 아니라 사회적 갈등요인이 되고 있다. '내가 번 돈을 내가 쓰는데 왜 그러는가?'라고 말할 수도 있다. 그러나 갑부들의 절대다수는 사회적 성공인프라를 잘 활용하였기에 그 활용비용을 사회로 환원해야 하고 자녀들에게는 기본적 상속만 해야 하는 것은 너무나 당연하다.

예를 들어 프로야구선수가 연봉 100억을 받는다면 90억 이상이 사회적 성공인프라의 행운이며 그 나머지가 자신의 능력의 대가라는 의미다.

자녀를 사랑하는 마음이야 백번 이해하지만 많은 재산을 그대로 주는 것은 자녀에게도 불행의 씨앗이 될 가능성이 높고 자연의 이치를 외면한 탐욕적 인정인 것이다. 태어날 때부터 황금조끼를 걸치게 하는 재산상속제도야말로 비평등적이고 비이성적이며 비본성적 개념이다.

자연은 '아무리 아름답고 멋진 거목일지라도 그 자리를 거목의 후손에게 넘겨 주지 않는다.'는 이치를 인간들은 깊이 깨달아야 한다. 구정치인들은 오늘날 상속제도의 심각한 반자연성에 대한 문제의식을 느끼지 못하고 있다. 그들 또한 황금조끼를 입고 상속에 대한 강한 애착을 느끼고 있기 때문이다. 신정치는 오늘날의 상속제도를 근본부터 바꾸는 정치다.

노트

‒ ‒
‒ ‒
‒ ‒
‒ ‒
‒ ‒
‒ ‒
‒ ‒
‒ ‒
‒ ‒
‒ ‒

018

부끄러움을 잃어버린 치매환자들

100억 이상의 주식을 보유한 30세 이하가 전국에 52명.(2017.1.27.YTN) 1억 이상의 통장을 가진 7살 미만의 아이가 전국에 2733명.(2017.1.30. YTN) 빌 게이츠를 포함한 세계갑부 8명의 재산이 지구인구 절반의 재산과 맞먹고, 이건희 회장을 포함한 18명의 자산이 우리나라 국민의 하위층 30%의 자산과 비슷.(2017.1.19 국제신문) 이처럼 인류사에 없었던 극심한 '양극화 뉴스'들이 시시때때로 흘러나와도 가슴이 뭉클하지도 않고 괴롭지도 않는 구정치인들. 국민을 위해 최고의 이성으로 최상의 민주주의를 실현해 보이겠다는 그들의 외침은 무엇을 의미하는지 모르겠다.

초등학생이 주택이나 주식을 가지고 있거나 통장에 1억 이상의 돈을 저축하고 있다는 자체가 사회적 모순의 대표적 사례다. 어린 아이들이 보유하고 있는 재산은 갑부나 재벌들이 상속제도의 헛점을 교묘히 악용하기 위한 술책이며 진정한 민주주의와 자본주의를 파괴하는 가장 파렴치한 탈세행위다.

국민들에게 용기와 희망을 주기 위해서는 맑고 공평한 사회를 만들어야 하는데 오히려 위화감만 조성시킨다. 정치인들이 가장 먼저 개혁의 칼을 휘둘러야 할 분야다. 어린아이들에게는 주택이나 주식을 소유할 수 없도록 해야 하고 통장 또한 500만원 미만만 허용해 주어야 한다. 그리고 최고의 재벌이라도 그의 재산이(주식보유는 제외) 국민평균재산의 100배를 넘지 못하는 재산관련법을 즉시 제정해야 한다.

그러나 구정치인들은 헌법이 보장하는 사유재산에 대한 침해의 소지가 있다는 명분을 내세우며 과감히 개혁하려 하지 않는다. 스스로가 그러하기 때문이다. 국민들에게 신뢰받기 위해 하루에도 몇 번씩이나 깨끗한 정치, 서민정치를 외치는 그들이 과연 정치인인가, 파렴치범인가, 치매환자인가? 공정과 공평과 사회적 모순의 퇴치는 사유재산 보호를 옹호하는 헌법보다도 훨씬 우위에 존재하는 상식임을 아직도 깨닫지 못하고 있다.

019
수렴적 사유재산제도와
갑부 폭탄세

호랑이는 자신의 영역을 적절하게 만들어 목숨처럼 지킨다.

100km²의 영역이 적절한 호랑이에게 10km²에 살게 하면 심한 스트레스를 받으며 매우 힘든 생계를 이어갈 수밖에 없다. 예를 들어 호랑이 10마리가 1000km²의 한정된 영역에 살고 있는데 이 중 서열 1위가 600km²를 차지하고 다음으로 서열 2위가 300km²를 차지하면 나머지 8마리는 각각 약 12km²의 영역에서 견디며 살아나가야 한다. 이처럼 심각한 양극화는 자연주의의 근간을 파괴시키고 모든 호랑이들이 피해자로 전락한다.

민주주의 역시 마찬가지다.

자연주의의 근간을 흔드는 양극화는 사회적 모순이 끝없이 나타나고 결국 갈등과 분열로 가득한 민주주의로 전락한다. 그러한 민주주의라면 뭐하려고 민주주의를 하는가? 그중에서도 헌법이 보장하는 사유재산제도의 무한성이야말로 민주주의를 먹칠하는 핵심적 오류다.

그 무한성은 개인의 재산욕구의 무한성과 맞물려 탐욕을 조장시키고 자연주의의 근간을 파괴시키므로 재산이 크게 늘어나면 국가가 수렴시키는 조세제도를 발동시켜야 한다.

사유재산을 무한대로 늘리는 것을 놔두는 것은 국정책임자의 직무유기이고 민주주의의 핵심개념이라 할 수 있는 최대다수최대행복과는 거리가 먼 헌법조항인 것이다.

극소수의 엄청난 사유재산 때문에 대다수의 사유재산이 턱없이 줄어들고 삶이 피폐해져 재산보호라는 유익성보다 사회갈등이라는 유해성을 증폭시키며 민주주의의 성숙도를 가로막고 있는 원흉이다.

사유재산제도란 재산에 대한 안정성을 보장해 주는 것이지 과도한 재산까지 지켜 주는 제도이어서는 안 된다. 그래야만 진정한 민주주의요, 진정한 자본주의라 할 수 있다.

권력은 이런 곳에 사용하는 것이다.

예를 들면 20억 이상의 재산을 가진 자는 부동산세 수도료 전기료 자동차세 등을 10배로 부과하는 폭탄세를 신설하고 명의 실명제를 도입하여 주위친척들에게 명의를 대여 받아 자신의 재산을 분산시키려는 탐욕을 차단시켜야 한다.

이제는 구시대 사유재산제도에만 집착하여 탐욕만 채우는 갑부들의 권익에만 몰두하는 법안을 과감하게 폐기하고 대다수 서민들의 삶이 풍요로 채워지는 '수렴적 사유제산제도'를 시행하여 신정치에 의한 신시대를 열어야 한다.

020

공직 중에는 출마가
불가능한 신정치제도

구청장을 하다가 도중하차하고 국회의원에 출마하는 행정인.

국회의원을 하다가 사퇴하고 갑자기 도지사로 출마하는 정지인.

도지사를 하다가 갑자기 대선후보로 출마하는 정치인. 그리고 탈당한 후 다른 당으로 옮기는 것을 밥 먹듯이 하는 정치인. 이러한 행위를 가능하게 하는 법을 만들어 놓고 국민을 위한다는 구정치인들. 국민이 얼마나 우습게 보이기에 이런 짓을 하는지 모르겠다. 국민혈세를 선거로 축내는 것은 고사하고 업무상 공백과 혼란이 극심하다. 그리고 지금의 직책도 훌륭하게 수행하지도 못하면서 던져 버리고 다른 공직을 위해 출마해서 얼마나 더 큰 업적을 세우려고 하는지 모르겠다. 너무나 뻔하다. 자신의 명예나 정당의 당리당략에만 초점이 맞추어져 있는 것이다. 그리고 가장 심각한 것이 있다. 이런 자들은 99%가 기회주의자요, 탐욕주의자들이다. 이런 자들이 정치무대에서 휘젓고 다니니 무슨 정치가 올바로 되겠는가? 인물이 없어서 어쩔 수 없는 선택이라고 주장하는 구정치인도 많다.

절대 그렇지 않다.

그들의 정당 내에서만 바라보려 하는 구정치적 시각 때문이며 훌륭한 정치신인은 곳곳에 널려 있다.

신정치는 임기를 마쳐야만 출마가 가능하고 탈당을 해도(정당 자체가 해산되는 경우는 제외) 5년 이내에는 다른 당에 입당하지 못하게 하는 것을 제도화하는 정치다. 그 어떤 아까운 인물이라도 임기 내에는 재출마할 수 없으며 국민에게 맹세하고 선택한 당을 함부로 탈당해서는 안 된다는 의미다. 이것은 대선후보도 예외일 수 없다. 이러한 것부터 똑바로 해야 국민의 신뢰는 물론이고 정치의 품격이 묻어 나온다.

021
국민이 두렵지도 않나

선거철만 되면 자신이 살지도 않는 지역에 철새처럼 날아들어 후보가 된다. 소위 전략공천이라고 해서 정당이 선두에 서서 날려 보기도 한다. 권력자의 왼팔, 오른팔 그리고 대선후보라는 자들까지 자신이 살지 않는 지역에 출마선언을 한다. 국민을 우롱하는 행위다. 그 지역에 참된 후보의 탄생을 가로막는 일이기도 하다. 지역구 후보라는 의미는 그 지역을 잘 아는 정치인이 중앙에 가서 그 지역의 특성을 알리고 개발할 수 있는 역할을 하는 것이지만 그 반대로 하고 있다. 갑자기 와서 주민의 몇 마디 말에 지역을 알 수 없다.

최소한 5년 이상 주거지에 확실하게 살고 있었던 자에게만 국회의원 피선거권을 주어야 한다. 헌법은 물론이고 정당의 당헌당규에도 반드시 짚고 넘어가야 할 정치 핵심조항이다.

국민을 바보로 취급하는 행위다. 국민을 발밑에 깔고 짓밟는 행위다. 국민을 사랑하지 않는 증거물이다. 치졸하고 더러운 정치행위다. 더 이상 언급할 가치조차 없다.

022
국회의원과 준국회의원제도

국회의원은 보좌관을 두고 있다. 많은 업무를 위해서는 필수적이다. 그런데 보좌관을 뽑는데 문제가 많다. 유능하게 보이는 보좌관을 채용해야 자신의 정치력이 더욱 돋보이지만 그렇지 않다는 것이다. 자신이 시키는 일에 잘 맞추는 사람을 선별한다. 심지어 무능한 친척을 보좌관으로 앉혀 놓고 봉급의 일부를 챙기는 정치인도 제법 많다.

왜 이런 짓을 할까? 자신보다 능력 있는 보좌관을 두면 대화와 토론이 길어지고 섬세한 논리로 이견을 내놓을 때 설득시키기도 어려워 피곤하다고 생각한다. 보좌관이 주장하는 정책이 자신이 주장했던 정책보다 더 현명한 정책이라고 해도 자존심 때문에 보좌관의 정책을 깔아뭉개어 버린다. 호랑이를 키워 자신의 자리를 위협한다고 생각하는 의원도 많다. 바로 권위주의와 탐욕주의다. 오늘날 구정치인의 현주소다. 정치인으로서는 가장 멀리해야 할 두 가지를 단단히 쥐고 있는 것이다. 황금조끼를 입고 있기 때문이다. 그러나 신정치인은 다르다. 황금조끼를 입고 있지 않아 권위주의와 탐욕주의가 없다. 그래서 자신의 정치적 대를 이을 유능한 정치후배를 보좌관으로 뽑아 경력을 쌓게 한다. 그리고 후배가 자신보다 능력이 나아지면 기꺼이 그 자리를 후배에게 넘기는데 한 치의 빈틈이 없는 정치인이다. 요즘은 기업주도 유능한 후배경영인에게 기업을 맡기고 일선에서 물러나는데 구정치인은 참회해야 한다.

유능한 후배를 발굴하여 키우는 것이 바로 정치발전의 핵심이며 이는 결국 국민을 위한 지름길이 된다는 것을 확신하는 것이다. 5선, 6선하면서도 유능한 정치후배 하나를 탄생시키지 못한 정치인이라면 권위주의요, 탐욕주의이며 개인의 명예에만 집착하여 국민에게 큰 죄를 짓고 있는 정치인이라는 것이다.

그래도 정신 못 차리는 구정치인은 이렇게 얘기할 것이다. '이상적인 얘기만 하시는데 현실정치를 경험하지 못한 상황에서의 하룻강아지 같은 생각이군요.' 국민을 위한다며 하루에도 수십 번씩 외치고 나니면서 국민을 위한 보좌관제도를 자신을 위한 보좌관제도로 이용하고 있으니 사이비정치인이 아니고 무엇인가? 정말 보좌관을 잘 뽑아야 된다. 국회의원을 할 만한 능력 있는 자들을 뽑아야 된다. 그리고 보좌관 대신 '준국회의원'의 명칭을 주어야 한다. 두 명의 준국회의원을 두는 제도를 마련하고 그들을 키워 나가는 제도가 반드시 필요하다. 정치인이 해야 할 가장 큰일은 자신보다 더 유능한 후배를 발굴하여 키우는 일이기 때문이다.

우사인 볼트가 나타나 육상계가 엄청난 발전을 이루듯 정치인은 누구나 정치무대에 큰 인물을 올려놓는 것만이 정치계의 큰 발전을 이룩하고 나아가서 국민의 행복이 보장된다는 것이다. 그것이 바로 국민을 위한 진정한 정치다. 이런 개념 하나 제대로 생각해 내지 못하고 언제까지 국민을 위한다고 소리만 외치는 구정치인들이야말로 유능한 정치인들의 앞날을 막고 있는 핵심적 장애물이다.

023
정치는 숲의 예술

시나 수필 또는 소설이나 시나리오를 쓰면서 성공한 유명 작가들은 황혼에 들면서 대다수가 글을 놓는다. 감성이 무뎌진다고 한다. 그러나 사실은 감성이 무뎌지는 것이 아니다. 젊은 시절에 글을 쓰기 위해 사용해 왔던 예민한 감성이 바람에도 부르르 떠는 잎새처럼 삶의 부분적인 것이기에 부끄럽거나 큰 의미도 없는 것을 느끼고는 작가 스스로가 글을 쓰는 데 흥미를 느끼지 못하는 원인도 있다는 것이다. 물론 새로운 글에 도전을 시작하는 작가들도 있다. 바로 철학적 글이다. 시나 소설에 철학이 없다는 것은 아니다. 그러나 그런 철학은 잘려나간 숲과 같아 다른 숲과 연결이 되지 않기에 철학으로서는 큰 의미가 없는 것이다. 한마디로 철학을 위한 문학이 아니라 문학을 위한 철학일 뿐이다. 그들은 유명한 시인이요, 소설가였지만 여태껏 나무를 보고 글을 써 왔으며 숲을 보고 글을 써야만 천년이고 만년이고 변치 않는 글이 된다는 것을 확고하게 믿고 있다. 어찌 나무를 보고 쓴 글이 싱겁지 아니하겠는가? 그러나 글을 읽는 대상은 청년들이니 숲보다는 나무의 감성을 더욱 감탄할 수밖에 없고 밀리

언셀러가 탄생된다. 그러므로 나무의 작가로 유명한 자가 숲의 글을 쓰면 독자층이 급격히 줄어든다. 중년층 이상이 되면 읽을 만한 책이 없어 독서에 흥미를 잃고 독서에 흥미를 가지는 젊은이들은 숲의 글에 큰 관심을 가지고 있지 않기 때문이다.

정치는 숲의 예술이다. 바이올린이나 첼로 또는 피아노 독주로도 관중을 모으는 것이 시나 소설이라면 오케스트라 연주가 철학이요 이를 기반으로 국민의 행복을 찾아주는 작업이 바로 정치다. 전문분야에 뛰어난 자들이 비례대표제를 통해 정치무대에 올라와서 능력을 제대로 발휘하지 못하는 이유도 여기에 있다.

024
비례대표제의 4가지 문제점

첫째. 정당의 지지율에 따라 배정받는 취지는 타당하지만 전문성 운운하면서 당대표나 최고위원들의 사사로운 관계가 더 영향을 끼쳐 비리가 끝없이 파생되고 정치적 불신을 야기시킨다.

무모한 선거공약과 함께 정치무대를 불신하게 하는 양대요인이다.

둘째. 정당의 책임자가 국민의 뜻도 무시한 채 밀실에서 순번을 정하기에 서민성과 진정성이 결여될 가능성이 농후하여 민주주의와 어울리지 않는 제도이며 위헌적 요소도 있다. 진정한 비례대표제를 하려면 당원들의 투표로서 순번을 결정해야 한다.

셋째. 국민보다는 정당의 당리당략에 따라 선출되고 있으며 때로는 대중성을 가진 이벤트성 후보를 상위 순위에 올려놓고 포퓰리즘을 증폭시키는 역할을 하고 있다.

넷째. 국회의원은 통합의 리더십이 가장 우선한다. 아무리 전문성이 뛰어나더라도 국민대표성의 의미가 없다. 실제로 비례대표제 출신의 정치인 중에는 똑똑한 사람은 많아도 통합의 리더십을 가진 정치인이 배출되지 않는다.

전문성의 문제는 준국회의원제도를 활용하면 훨씬 효율적이다.

아무리 좋은 취지의 제도라도 그 제도가 국민의 신뢰를 받지 못하고 동시에 정치무대에 불신의 대명사로 알려져 있다면 천하의 몹쓸 제도다.

노트

- -
- -
- -
- -
- -
- -
- -
- -
- -

노트

Section

03

신정치인의 원초적 양심

001
신정치인의 원초적 양심

자본주의의 원칙은 무엇인가?

자유로운 경제하에서 자신의 기술이나 실력에 따라 소유자산을 가질 수 있는 권리를 누리는 것이라 말할 수 있다. 너무나 자유롭고 논리적인 것처럼 보인다.

그러나 자본주의에는 여러 장점도 많지만 딱 하나의 큰 맹점이 있다. 소유의 무한성을 인정해 준다는 것이다. 그것이 '자연의 이치'인 것처럼 착각하고 있다. 자연이 말하는 소유무한의 원칙은 사치를 부리지 않는 한도 내에서의 무한성이다. 아무리 큰나무일지라도 사치스럽게 보이지 않는다는 것이다.

그러나 재산이 과도하게 많아지면 질수록 끝없는 사치로 흐를 수밖에 없다. 호랑이 가죽과 코뿔소의 뿔이 그립고 남들이 입어 보지 못하는 수천 만원짜리 밍크 옷이 생각난다. 가장 큰 보석을 손에 쥐고 싶고 가장 비싼 스포츠카를 갖고 싶다. UFC 두 체급을 석권한 코너 맥그리그와 싸워서 승리한 49전승의 복서 메이웨더는 이번 대전료로 수천억 원을 이상을 받았다.

그들은 배움을 뒤로하고 온갖 사치로 대중들의 부러움을 사고 있다. 명품 옷과 가방과 지갑과 벨트를 차고 골프를 치는 것은 기본이다. 자본주의가 인간에게 끝없는 탐욕을 불러일으키고 환경재앙을 맞이하게 되는 핵심적 이유다. 풍족해질수록 돈이 많이 필요한 문화와 스포츠 또는 예술과 여행에 관심을 두고 여가를 즐기는 것이 가장 즐거운 삶이라고 확신한다. 주위사람들이 아프거나 굶어 죽는데 관심을 둘 시간도 없다. 300㎡의 아파트나 6000㎡의 주택에 어마어마한 골동품과 금괴를 모시고 단 두 명이 살아도 그 어떤 잘못이 있다고 느끼지 못한다. 그 옛날 귀족들이나 벼슬아치들도 그렇게 살았으니 어찌 잘못이 되는가? 동서고금을 통해 부귀영화는 꿈이요, 바램이니 어찌 그 마음을 이해하지 못하겠는가? 좋아하는 것이라고는 무엇이든지 사고 마음에 드는 것이 있으면 영혼까지 손아귀에 집어넣으려 든다.

배고픈 자들에게는 생명과 같은 재산을 많이 가지고 있으면 있을수록 그들을 마음대로 조종할 수 있는 힘이 더 세지는 것으로 착각하며 끝없이 모으려 한다. 인간의 절대다수가 그렇게 변해 버렸다. 이러한 대중의 갑부심리는 엄청난 함정이 도사리고 있다. 양극화를 심화시키는 원흉이기 때문이다. 사회를 탐욕의 도가니로 만드는 심리인 것이다. 자본주의의 큰 맹점을 부러워하는 습관에 젖어드는 것은 스스로의 불행을 자초하는 일이다. 99%가 1%가 되겠다는 꿈에 젖어 살아가지만 결국은 99%의 삶으로 끝을 맺는다. 스스로의 눈을 찌르는 꿈일 뿐이다. 적당한 풍요로 만족하지 못하고 무한의 풍요를 꿈꾸는 대중들의 갑부심리는 비사회적이고 비정상적인 사고다. 최고급 외제차를 타고 싶어한다면 바로 비정상이라는 것이다. 그러나 세상은 다르다. 절대다수가 부자가 되면 그렇게 살려는 생각을 하고 있고 그 생각이 정상이라고 말한다.

그들에게 '그렇지 않다. 그런 마음은 잘못된 것이다.'라고 말한다면 아마도 비웃을 것이다.

이처럼 비정상이 정상처럼 인정받고 부러움의 대상으로 변질되어도 절대다수 사람들은 그 말을 하는 자를 비정상으로 보는 세상이다. 이런 사회분위기가 지속되는 한 정치는 한걸음도 내디딜 수가 없다. 정의란 말뿐이며 진정성이란 허상일 뿐이다.

그러므로 신정치인은 이러한 사회분위기부터 바꾸는 정치인이다. 막대한 재산을 거머쥐려는 꿈이나 바램은 비정상적 사고라는 것을 국민들에게 철저하게 일깨우는 일이다. 그러기에 정치지도자부터 그러한 부귀영화의 사고를 버리고 서민의 길을 가야 한다. 삶 자체가 너무나 평범해야 한다.

문재인 정부도 마찬가지다. 청와대에 핵심인사나 장관 중에 수십억의 재산을 가진 정치인들이 허다하다. 그런 부자 정치인들이 돈 없고 가난한 서민을 위해 일하는 손과 발이 되겠다는 마음가짐이 과연 가능하단 말인가? 자신의 재산과 개인적 명예를 위해서 목숨 바칠 인간들이다.

모두 정치적 양심을 저버린 구정치인들이다. 그들에게 정치를 맡긴 책임은 모두 문재인에게 있다.

정치적 이데올로기를 떠나 과도한 재산을 국민과 함께 나누지 못하고 움켜쥔 채 민주주의와 정의를 외치고 양심을 노래한다면 스스로 괴롭고 주위사람들에게는 수치스러운 일이 아니겠는가?

정치무대를 오르는 자가 지녀야 할 원초적 양심이다.

002

신정치인과 10억의 불문율

정치지도자의 재산은 10억(±10%) 이하이어야 하고 초과분이 생길 때마다 적절한 시기에 현명한 나눔이 필수적이라는 신정치의 기본개념이 인간의 기본권에 저촉된다고 생각하는가? 그리고 이러한 주장은 돈이 많이 필요한 정치현실을 망각한 순진의 극치라고 생각하는가?

재산이 많은 자가 진정 국민을 위해 온몸을 바치기로 결심했다면 정치입문 직전에 과잉재산을 국가에 헌납하거나 현명한 나눔을 실천하는 것이 그렇게 아깝거나 부당하게 느껴지는가? 그렇다면 정치무대를 바라보지 않으면 간단하다. 그런 자는 현명한 나눔과 배려의 가치를 제도화시키는 정치개념에 근본적으로 배치되는 삶에 중독되어 있는 자이기에 진정한 정치에 전혀 도움을 주지 못한다. 슈퍼물질을 소유한 정치인 중에 진정한 양심과 정의를 갖고 있는 자는 단 한 명도 없다는 것이다.

정치인에게 필수불가결한 것은 국민적 신뢰다. 그 신뢰란 지식과 업적과 능력에 의해서도 쌓아 가지만 가장 우선적이고 절대적인 것이 있다. 바로 스스로가 서민적 삶을 행함에서부터 나온다. 그리고 정치무대에 소수의 슈퍼물질자(갑부)가 있으면 정치인들부터 재산의 양극화가 나타나 두

그룹으로 나누어진다. 국민의 소통을 위해 존재하는 정치인들이 그들 자신들의 소통부터 심각한 문제가 생긴다는 것이다. 그리고 건물주가 세입자에게 유리한 전세계약서를 작성하지 않듯이 갑부정치인은 가난한 자를 위한 입법행위에 적극적일 수가 없다.

서민을 위한 입법은 종국적으로 자신의 재산을 축소시킨다는 것을 너무나 잘 알고 있는 자들이기 때문이다. 그들은 서민과 빈민층을 위한 정치입법을 외쳐 대지만 자신의 재산방어의 범주 내에서만 생색을 낸다. 한마디로 진정성이 있을 수가 없다. 정치의 최우선적 과제는 양극화를 최소화하는 것이기에 자신도 모르게 과시와 사치에 젖어 있는 자들에게는 어울리지 않는 분야인 것이다.

그러므로 훌륭한 정치인을 발탁하기 위해서 선행되어야 할 제도가 있다. 정치인에 필요한 정치자금이나 선거자금은 국가에 부담해 주는 정치시스템으로 반드시 가야 한다. 정치인에게 필요한 각종 정치자금까지 줘야 한다는 주장이 구인문적 개념에서는 소설처럼 느껴지겠지만 '10억의 불문율'이 토착화되면 국민들은 정치인을 신뢰하게 되어 흔쾌히 승낙하게 되니 어려운 일이 아니다.

국민들이여!
정치인을 선택할 때는 가장 우선적인 철칙이 있다.
10억 이상의 재산을 가진 후보는 철저히 배제시켜라. 그리하여 갑부정치인을 부끄럽게 하고 자연스럽게 퇴출되는 사회풍토를 정립해야 한다.
서민의 행복이 무엇인지를 깊이 깨닫고 그에 상응하는 법과 제도를 만들기 위해서는 서민적 삶을 끝까지 유지하는 것은 너무나 간단한 상식이다. 과거에 서민의 고통과 현실을 두루 경험한 후 갑부가 되었기에 서민의 고충을 깊이 알고 있다고 말하는 자들은 과거에 운동선수를 했으니 지금은 운동을 하지 않고서도 그때의 실력을 충분히 발휘할 수 있다고 우쭐거리는 자이다. 아무리 서민적 삶을 오랫동안 경험하였다 해도 갑부의 삶으로 바뀌면 자신도 모르게 사치나 과시의 환경에 포위되고 그 즉시 서민적 영혼은 빠져나간다.

　리더로 있으면서도 서민적 삶을 끝까지 실천해야만 초심이 변하지 않는 정치적 리더십이 끝까지 샘솟는 것이다. 이러한 정치문화가 토착화되면 정치무대의 비리가 서서히 사라지고 사회전반에 영혼적 품격(정신문화)이 돌아온다. 온기 하나만으로 만년설이 녹아내리고 뿌리 하나만 튼튼해도 병든 잎사귀들이 살아나듯 '10억의 불문율'은 뒤엉켜 나뒹구는 정치적 난제들을 하나하나 풀어헤치며 신정치의 문이 활짝 열리기 시작할 것이다.

003
정치인이 되어서는 안 될
5가지 유형

누구나 자신의 분야에서 성공을 하면 정치무대를 기웃거리는 이유가 있다. 국민에게 부여받은 권력을 바탕으로 국가발전에 이바지할 수 있고 동시에 자신의 능력을 국민에게 보여줌으로써 사랑을 독차지할 수 있는 인간 최상의 자아실현적 직업이기 때문이다. 그러나 실제로 정치무대에 오르고 정치권력이 주어지면 자신이 원하는 정치력을 발휘하기가 쉽지 않다. 자신이 생각했던 정치적 성공이 얼마나 협소한 개념인지를 실감하게 되고 정치에 꿈을 둔 것 자체가 부끄럽고 후회스럽게 느끼며 정치무대를 떠나는 경우가 허다하다. 바로 정치철학의 결핍에서 비롯된다.

정치철학이란 오랫동안 발효해야 하는 된장과 같아서 단기간에 집중한다고 해서 거머쥘 수 없는 것이다. 정치철학이 부족한 자는 자신에게 주어진 권력이 국민을 위해 사용되고 있는지 아니면 자신을 위해 사용되고 있는지도 구별하기 힘들다. 그리고 자신의 권력으로 국민의 의식수준을 끌어올리려고 애써도 자신도 모르게 국민의 의식수준을 악용하여 권력을 유지하려 한다. 그리고 자신의 권력을 유지하기 위해 포퓰리즘적 정책을 끝없이 쏟아내어 국가부도사태로 몰아가는 것도 까마득히 잊고 있는 것이다. 오늘날 이러한 정치인들이 정치무대를 가득 채우고 있는 것은 그들을 선출한 국민들에게도 큰 책임이 있다. 이제는 국민들도 정치인을 잘못 선출하여 고통받고 후회하는 정치적 무지에서 벗어나야 한다.

이를 위해 정치인의 진정성과 정치력을 선별할 수 있는 신인문적 기준이 반드시 필요하다. 국민들은 다음과 같은 5가지 유형의 정치인을 선출해서는 안 된다.

하나. 서민에 비해 엄청난 재산을 소유하고 골동품, 그림, 보석 등의 수집에 흥미를 가진 자.

이런 자들은 국민의 재산보호보다 개인의 재산축적을 우선하는 자이며 후손에게 줄 상속물에 더 관심을 두는 자이다.

둘. 학력과 혈연을 중시하는 자.

이런 자들이 정치지도자가 되면 자신의 참모나 보좌관 또는 각 부 장관들을 학력이나 지연 그리고 친인척중심으로 발탁하여 나라를 망치게 한다.

셋. 종교나 이념에 심하게 치우친 자.

중용철학을 이해하지 못한 자로서 사회적 분열과 갈등의 인자를 스스로 지니고 있다.

넷. 구시대 전통과 관습을 그대로 답습하고 있는 자.

정치란 인간사회의 전통과 관습을 발전적으로 진화시키는 작업인데 정치발전을 저해시키는 영혼에 중독되어 있다.

다섯. 대중들이 즐기는 춤, 음악, 스포츠 등에 무심하거나 관심이 없는 자.

정치는 생존을 넘어 감성의 문화까지 공유할 수 있는 소통능력이기 때문이다.

이 5가지 중에 1가지라도 뚜렷하게 해당된다고 느껴지는 자는 개혁성향이 부족한 자이다. 특히 첫째 항에 문제가 있는 자는 서민생활을 찌들게 하는 원인제공자이기에 이미 정치인으로서의 핵심적 결격사유가 있는 자이다.

끝으로 국민들이 위의 5가지 사항을 철저히 지켜 투표한다면 훌륭한 정치인들이 정치무대를 서서히 채우게 될 것이다. 그리고 이러한 정치인들은 정치와 사회 그리고 문화와 교육제도를 개혁하게 되며 국민의 의식수준을 끌어올려 더욱 훌륭한 정치인들을 선출하게 된다.

인간세상의 이치는 나눔과 연결과 균형을 바탕으로 한 순환이기에 가장 먼저 실천에 옮겨야 할 사람이 바로 정치인인 것이다.

004

모르고 있으니
부끄러울 리도 없다

    암사자 무리가 힘을 합쳐 물소 한 마리를 힘겹게 잡았다. 모두 지쳐 숨을 몰아쉬고 있는데 수사자 한 마리가 달려오고 있다. 가까이 와서 으르렁거리며 혼자 다 먹을 기세로 모두를 몰아낸다. 그리고 가장 맛있는 부위만을 골라 먹는다. 수사자가 배부르게 먹은 것을 눈치챈 암사자들과 새끼들이 우르르 몰려와 남아 있는 물소를 뜯기 시작한다. 수사자는 으르렁대면서도 암사자들이 먹는 것을 허락한다. 사람들은 암사자들이 목숨 걸며 잡은 물소를 먼저 시식하는 수사자를 매우 못마땅하게 생각한다. 불평등하며 '독재적 탐욕'이라고 생각하는 것이다.

    그러나 이것은 탐욕이 아닌 욕구일 뿐 자연의 이치이기에 너무나 당연하다. 암사자는 평생 무리들과 평화롭게 살 수 있지만 무리의 제왕인 수사자는 언제 축출될지를 모르니 항상 몸을 건강하게 유지시켜 놓아야 한다. 이처럼 짧은 임기동안에 권력과 불안을 함께 끌어안고 사자가족을 책임지는 것이 수사자의 임무이기에 암사자들과 함께 물소를 잡다가 다치기라도 하면 언제 닥쳐올지도 모를 다른 수사자들의 도전에 꼼짝없이 당하게 된다. 우리는 여기서 수사자에 대해 깊이 사색할 필요가 있다.

첫째는 임기를 마치면 피투성이 몸을 이끌고 사자가족의 평안을 위해 고통스런 방랑의 길을 떠난다. 얼쩡거리면 끝없는 갈등과 불화의 연속이라는 사실을 본능적으로 알고 있다.

둘째는 사랑했던 암사자들의 변절과 무관심에 절대로 원한과 앙심을 품지 않는다.

셋째는 물소 고기를 먼저 독식하지만 먹다 남은 고기 덩어리를 지키지 않고 암사자무리가 나눠먹도록 한다. 본능 속에는 욕구는 있어도 탐욕은 없기에 '사회배려'가 깔려 있다는 것이다.

그러나 이성을 가졌다고 자부하는 인간은 지금 어떤 행동을 보이고 있나? 본능만으로 이끄는 수사자보다도 훨씬 탐욕적이다. 지나친 부를 축적한 자들에게 나눔을 얘기하면 그들의 절대다수는 '생명 바쳐 열심히 모아 둔 재산을 아무 이유도 없이 나눠줄 순 없잖아. 당신이라면 그렇게 하겠소?'라고 말할 것이다.

재산을 증식하는 이유는 뭔가? 미래의 생활과 건강에 대한 불안을 해소하는 것 이상 그 무엇이 있는가? 이를 위해 수십억 이상이 필요하단 말인가? 많은 재산을 가지고도 아무리 성실하게 살아도 가난한 주위사람들을 못본 척하고 자신의 물질적 사치에 취해 있는 사람이야말로 본능만으로 살아가는 동물보다도 못한 탐욕덩어리다. 그런 이성이야말로 갈등과 원한과 앙심을 재생산하며 비민주적 사회를 만드는데 앞장서는 꼴이다. '내가 열심히 하여 모아 둔 재산은 아무리 많아도 내가 알아서 한다.'는 개념은 그 재산이 사회적 성공인프라로부터 획득된 것이라는 진리를 외면한 폭 좁은 생각일 뿐이다. '모아 둔 많은 재산은 나의 생활과 건강을 위한 것을 빼고는 모두 내 것이 아니다.'는 개념이 바로 자연의 이치에 근거한 삶의 철학인 것이다.

신정치는 본능보다도 더 저질스럽고 탐욕에 찬 이성(변질된 이성)에 반기를 들고 합리적 이성만으로 본성을 더욱 아름답고 멋지게 업그레이드시키는 인간사회를 만드는 정치다. 그러므로 많은 재산을 보유한 자(이미 변질된 이성이 가득 찬 자)가 어찌 신정치를 함부로 말할 수가 있는가? 모르고 있으니 부끄러울 리도 없을 것이다.

노트

005

이세돌과 성공인프라

알파고와의 세기의 대결로 전세계에 이름을 떨친 이세돌. 요즘 돈벌이가 엄청나다. 광고계의 기린아요, 바둑재벌이라는 명칭까지도 얻겠다. 이세돌의 바둑실력은 어떻게 형성되었을까?

첫째는 한국의 비약적인 경제발전이고, 둘째는 조남철, 조훈현, 조치훈 등의 선배들이 자리를 깔아주었고, 세째는 주위의 탁월한 바둑기사들과의 대결이 주효했을 것이다. 물론 바둑협회도 한몫을 했을 것이다. 그리고 누군가 주변사람들의 헌신과 희생도 있었을 것이다. 한마디로 그의 실력은 개인의 노력보다는 그 밑거름이 되어 준 요인들이 너무나 크게 작용했다는 것이다. 홀로는 결코 성공할 수는 없으며 이러한 사회적 여건과 뒷받침에 의해 유명해지거나 갑부가 된다. 바로 성공인프라다.

그러나 갑부들은 '재산증식에 기여했던 성공인프라의 몫만큼은 사회에 환원해야 한다.'는 공식을 망각하고 자신의 실력만으로 성공한 것으로 생각하여 건물이나 토지를 사는데 골몰하거나 넓은 주택에 수영장까지 마련하고 골동품이나 그림 등을 수집하면서 호화와 사치에 중독되기 시작한다.

1등에게만 너무 치우친 바둑, 스포츠, 연예계 등의 상금제도. 슈퍼영웅을 만들어 관중의 흥미를 이끌어 내기 위한 방편이겠지만 이러한 잘못된 자본주의적 사고는 양극화를 심화시키며 결국 사회를 썩게 만든다.

이제 나눔의 상금이 절실하다. 그 이유는 간명하다. 첫째는 0.1%의 호화로움보다는 99.9%의 고통을 덜어 주는 것이고, 둘째는 성공인프라까지 개인이 독식하는 잘못된 성공개념에서 벗어나야 하며, 셋째는 그러한 물질적 갑부가 된 개인도 탐욕적 영혼에 중독되어 결국 불행한 삶으로 이어지는 사례가 너무나 많다. 신정치인은 이러한 1등 독식주의야말로 정치와 법률로 반듯하게 고쳐 나가야 한다는 것을 목숨처럼 굳게 믿고 있는 정치인이다.

006
신정치인이 해야 할 5대 체험

정치는 실력과 성실과 양심만으로는 자신이 원하는 정치능력을 극대화시킬 수 없다. 서민의 마음을 이해하기 위해서는 정치무대에 오르기 전에 서민과 함께 교감하는 사업이나 장사를 10년 이상 했거나 짧게는 5가지 체험을 스스로 해야 한다.

서민과 서민의 반대편에 있는 사람들의 마음을 함께 꿰뚫어야만 중용심이 아우라처럼 저절로 피어오르기 때문이다.

첫째. 재래시장의 종업원으로 1년 이상은 근무해 봐야 한다.

둘째. 소자본 개인사업을 3년 이상은 해 봐야 한다.

셋째. 중소기업에 3년 이상은 근무해 봐야 한다.

넷째. 택시기사를 1년 이상은 해야 한다.

다섯째. 정상적인 군대를 복무해야 한다.

이 5가지 중 최소한 3가지 이상은 체험해야만 서민의 마음을 깊이 이해하는 소통의 정치력을 발휘할 수 있다.

007
이제는 국민들도
정신 좀 차려야

'하늘은 스스로 돕는 자를 돕니다.'는 말이 있다. 이를 뒤집어서 생각해 보자. 불행한 사람들 중에는 자신도 모르게 스스로를 불행하도록 만드는 경우가 의외로 많다. 집착해서는 안 될 곳에 집착하다 보니 봐야 할 곳(지혜를 얻기 위한 지식과 경험의 여행)에 시간을 놓쳐 버리고 아주 서서히 삶의 수렁에 빠지기 때문이다. 특히 자본주의 시대에 사는 우리 국민들은 황금에 집착할 수밖에 없고 그 집착 때문에 불행을 자초하는 사태가 더욱 심화되고 다양해졌다.

요즘 법원에서 다루는 사건들의 90% 이상이 황금에 대한 집착 때문이라고 해도 과언이 아니다. 그러기에 재산이 많은 사람을 부러워하는 사람들이 자꾸 늘어나고 있고 그러한 사회적 상황이 더욱 불행한 사건을 일으킨다. 돈에 집착이 덜했던 옛날의 시골사람들이 더욱 정겨워지는 이유도 여기에 있다. 어떤 이들은 갑부에게 무조건적 존경심까지 가지고 있다. 이러한 심리가 선거에도 이어진다. 많은 재산을 가진 후보 측에 도우미나 지지자가 많고 결국 그들이 승리하는 경우가 많다. 많은 재산을 가진 자가 국회로 진출하면 정치를 잘하여 모두 행복할 것같은 생각이 들기 때문이다. 그러나 그들이 자신의 재산이 줄어들고 우리 국민들의 재산이 늘어나는 법안에 적극적으로 나설까? 꿈도 꿔서는 안 된다. 그들은 영혼적 부분(특히 감성)에서는 우둔한 면이 많지만 물질적 부분에서는 매우 똑똑하다. 그들의 재산이 늘어나는 법안에는 은근슬쩍 적극적이며 그 법안이 통과되면 그 수익의 10~20%를 헌신과 희생이라는 명분을 쌓기 위해 전략적 기부를 한다.

이제는 국민들도 정신을 차려야 한다. 정치에 대한 지식과 사색이 필요하다. 그리하여 정치인의 기본적 정치철학을 파악할 줄 알아야 한다. 그 중에서도 가장 간단한 공식이 있다.

많은 재산을 가지고도 부끄러운 줄 모르고 정치무대에 나서려는 정치신인들에게 철퇴를 가하면 된다. 일단 그들을 투표로 여과시켜야 한다. 아무리 인성이 좋고 융통성이 많은 정치인재라고 느껴져도 그것은 모두 수작에 불과하거나 자기명예에 도취되어 있는 자임을 명심해야 한다. 그들 스스로가 양심의 가면을 쓰고 있는지조차도 모르는 자들이다.

그저 기업에 성공했거나 일류대를 나와 높은 직위와 많은 재산을 지니고 있다고 해서 정치에 능력을 발휘할 것 같은 느낌으로 뽑아 주고 또 후회하는 점철을 밟아서는 안 된다. 스스로가 잘못 뽑아 놓고 욕질과 삿대질로 자신의 정의와 현명함을 내세우는 우를 절대로 범해서는 안 된다.

008

답은 내 마음속에 있다

여자가 세월의 비바람을 흠뻑 맞다보면 두 부류로 갈라진다.

첫째는 남자를 마구 헐뜯는 여자다. 그녀는 '남자는 모두가 도둑놈이야. 하나같이 다가와서 뭘 뜯어내려고 해. 이제 혼자 사니 너무나 편해.'라고 입버릇처럼 말한다.

둘째는 남자를 끝없이 좋아하는 여자다. 그녀는 '술 한 잔을 해도 남자와 함께하면 흥이나요.'라고 흥얼거린다. 전자는 남녀간의 사랑을 포기한 여자이고, 후자는 사랑을 포기하지 않은 여자다.

이처럼 여자를 두 부류로 만들어 놓은 것은 남자다. 전자는 남자들에게 속았거나 속이 많이 상했었고 후자는 남자들의 도움을 받았었다. 왜 남자들은 어떤 여자에게는 속이고 어떤 여자에게는 믿음을 줄까? 그것은 여자에게도 책임이 있다. 아무리 겉모습이 아름다워도 탐욕을 앞세우거나 노력 없이 그냥 받으려고만 하면 이별 또는 고통이 다가오고 자신의 매력 (육체, 영혼)을 부단히 갈고 닦으면 사랑다운 사랑이 다가온다. 전자는 사랑의 끈을 내던져 버렸고 후자는 끝까지 붙들었다. 남녀 간이든, 이웃 간이든, 부모형제 간이든 예술과 문화든 거기에 연결된 사랑의 끈을 놓아 버리면 누구나 예외없이 불행으로 향한다. 그 끈을 붙들고 있기 위해서는 반드시 헌신, 희생, 용서 등이 필요한 것이다.

사랑을 전제로 하지 않는 헌신, 희생, 용서란 이중적이며 사실상 의미가 없는 것 이다.

사랑의 끈을 놓은 자는 어떻게 살까? 사랑과 맞먹는 그 무언가를 찾게 된다. 그것은 돈일 수도 있고, 종교일 수도 있으며, 술과 마약 그리고 쾌락 일 수도 있다. 그곳에서 사랑을 대신하며 삶을 영위한다. 그러나 이러한 삶은 결국 물질이나 영혼탐욕으로 흐를 수밖에 없고 불행의 종말을 예고 할 뿐이다.

어떤 이들은 '종교를 진실로 신봉하며 신을 사랑하는데 무슨 그런 상식 에도 맞지 않는 말을 할 수가 있는가?'라고 반문할 것이다. 그러나 분명한 것은 사랑은 암수 구별이 있는 동물의 관계에서만 존재할 뿐 하나의 완벽 체로 상징되는 신은 사랑의 대상도 아니기에 사랑할 수도 없음을 깨달아 야 한다. 그리고 자기 자신이나 타인을 진정으로 사랑하지 못하면서 사랑 의 DNA가 없는 신을 사랑한다는 것이 얼마나 모순되고 우스꽝스러운가?

오늘날의 구정치가 바로 사랑을 포기했거나 사랑할 수 없는 대상에 빠 진 영혼과 닮아 있다. 그렇다면 신정치는 어떻게 풀어야 할 것인가? 물론 사랑을 전제로 헌신과 희생과 용서로 모든 사회문제를 풀어야 한다. 여기 서 사랑을 전제로 함은 부모형제, 친척 친우, 이웃부터 시작하며 그들 중 에 성실하면서도 물질적, 정신적 어려움을 겪고 있는 자에게 다가가서 나 눔과 베풂을 행사하거나 이를 위한 법안에 몰두하는 행위다.

내가 50억의 재산이 있는데 10억을 가지고 나눔을 행했다면 헌신이고 희생일

수는 있으나 진정한 사랑이 깔려 있다고 말할 수 없다는 것이다. 내가 가진 재산이 국민평균재산의 3~3.5배 정도를 최대치로 생각하고 그 나머지 재산은 모두 의미 있는 나눔으로 행할 때만이 사랑을 전제로 한 헌신이요 희생이다. 이것은 신정치인으로서 정치무대에 서서 국민을 위한 최소한의 기본적 배려일 뿐이다.

정몽준이 수천억을 사회에 바치고 이명박이 수백억으로 재단을 만든다 해도 큰 저택에 살고 있다면 잠시 감동할 뿐 조금만 세월이 흐르면 서민들의 가슴에서 멀어지는 이유는 무엇인가? 그들은 국민들에게 진정한 사랑으로 베풀지 않았기 때문이다. 답이 없는 곳에서만 답을 찾으려 한 것이다. 쉽게 말하면 챙길 것은 어마어마하게 챙겨 놓고 헌신이니 희생이니 베풂을 말하였기 때문이다.

용서 또한 마찬가지다. 사랑을 전제로 한 용서란 타인에게 절대로 원한이나 증오의 마음을 갖지 않는 것이다. 예를 들어 나에게 공식석상에서 심하게 욕설을 퍼부은 정적에게도 절대로 증오하지 않으며 사회가 만들어 낸 불상사 정도로 여길 수 있는 마음이라야 한다. 적어도 이러한 기본적 양식을 가져야만 신정치인이라 말할 수 있는 것이다. 답이 없는 곳에서만 헤매며 답을 찾는 구정치인이야말로 얼마나 힘들고 괴롭겠는가? 답은 내 마음속에 있다.

009

내 삶을 사는 신정치인이 되어야

오늘날의 정치인들은 스스로는 매우 헌신적이며 현명하다고 자부하겠지만 어리석기 짝이 없다. 교활한 자가 훗날 자신의 어리석은 삶을 처절히 후회하는 것과 다를 바 없다. 그들은 남에게 보여 주기 위한 삶에 빠져 우쭐거리다가 결국 아무 것도 하지 못하고(국민의 시각) 지쳐서 버티다가 정치무대를 내려온다. 자신의 삶도 포기한 채 겉멋에 휘둘리며 우왕좌왕 떠돌다가 국민의 삶까지 고통을 주는 결과만 초래하니까.

이처럼 남에게 자신을 보여 주기 위한 삶은 돈이나 성공 그리고 명예에 집착하게 되어 있고 훗날 행복할 것 같지만 사실은 무겁고 피곤하며 끝없이 바쁘기만 하여 자신을 뒤돌아볼 시간이 없다. 자신이 걸어온 길을 한 번씩 뒤돌아보지 않는 삶이란 결코 현명한 삶일 수 없다. 마치 놓아둘 곳이 없어 창고에 수두룩하게 쌓인 무의미한 트로피나 훈장만을 가슴에 부여안고 과거여행에만 매달리다가 사라진다.

그러나 내 삶을 중히 여기는 자는 다르다. 꿈을 위해 달린다. **그 꿈의 고삐를 당기다 보면 그에 상응하는 돈과 성공 그리고 명예도 함께 따라**

올 수도 있지만 이러한 부수적 혹덩어리에 집착하지 않는다. 집착하면 할수록 자신의 꿈까지 오염되어 버리고 만다는 사실을 꿰뚫고 있기 때문이다.

그래서 피하거나 나누려하는 것이다. 신정치인은 돈도 성공도 명예도 직위도 사치도 권위주의도 모두 남에게 보여 주려는 삶 때문에 나타나는 '파생심리'라는 사실을 또렷이 알고 있기에 그들과 가까이 하지 않으며, 나눔과 베풂의 영혼은 헌신과 희생의 차원이 아니라 내 삶과 꿈을 위한 당연한 일임을 깨닫고 있는 자이다. 그러기에 신정치인은 심각한 갈등과 분열을 자초하는 선거에는 결코 나서지 않으며 자신의 부귀영화에 연연하지 않는 것이다. 내 삶을 의미있고 유익하게 만드는 꿈만을 가장 중요히 여기며 이는 결국 국민에게도 그 꿈을 키우는 삶을 따르게 하여 자연스레 행복한 사회로 향하게 만드는 것이다.

이처럼 내 삶을 위한 정치는 결국 나라를 위한 삶이 된다. 그러므로 자녀가 수차례에 걸쳐 사회적 문제아로 뉴스에 오르내린 정치인은 당장 정치를 그만두고 가정부터 살펴야 한다.

내 삶부터 잘못되어 있는 자가 어찌 정치무대에 서성된단 말인가? 내 삶보다 보여 주는 삶을 최상의 삶이라 여기는 구정치인은 매우 이해하기 어려울 것이다.

010

의미 없는 곳에 시간 보내지 마라

부활절이나 석가탄신일이 되면 절이나 교회나 성당에 우르르 몰려다니며 세를 과시하고 다니는 사람들이 있다. 전형적인 구정치인의 행태다. 근본이치대로 행하는 것이 진정한 정치이거늘 생각도 없이 선배들이 늘 해왔으니 '참석필수'로 생각한다. 물론 그들도 진정 마음이 우러나서 간다고 볼 수는 없다. 그러나 '아닌 것은 아니다.'라고 해야 할 일들이 있는데 이런 행태야말로 아닌 것을 분명히 표현해야 한다. 어느 종교 축제일이라도 모두 안 가면 표 떨어질 리 없다. 그리고 정치를 잘해서 표를 얻어야 할 것이 아닌가?

부처도 예수도 마호메트도 가난한 자와 병든 자 그리고 고통 받는 자를 위해 그러한 종교를 만들었다.

그들은 지하에서 이렇게 외칠 것이다. '나한테 자꾸 오지 말고 내가 사랑했던 가난한 자와 병든 자에게 가라.' 그들의 뜻에 부합하기 위해서라도 그 시간을 가난한 사람들에게 희망과 용기를 주는 시간을 보내는 것이 신정치인의 할 일이다.

011

성공의 두 얼굴

머리가 좋고 똑똑하여 무엇이든지 1등을 하고 외국유학을 하여 누구나 알 만한 직장에 높은 직위를 갖게 되거나, 공부는 잘하지 못했어도 사회에 일찍 뛰어들어 어느 전문분야에서 일류가 되어 유명세를 얻거나 수십 년 동안 중소기업을 운영할 정도면 성공했다고 말한다.

그러나 이러한 성공은 외형적이고 물질에 기반을 둔 성공일 가능성이 크다. 한마디로 자본주의적 성공일 뿐이다. 이렇게 성공한 자는 형제와 자식들 간의 갈등과 분열과 반목이 의외로 많다. 1등이나 실력에만 매달리다 보니 철학의 기본이 되는 '수신제가'의 단계를 무시한 성공이기 때문이다. 특히 최고로 성공한 재벌의 2세와 3세들의 가족간의 갈등과 반목은 목숨을 던질 정도로 심각하다.

그리고 또 다른 성공이 있다. 사회적으로나 주위사람들로부터 크게 성공했다고 인정받지는 못해도 결혼하여 절약하고 성실히 살면서 물질적으로도 크게 아쉽지 않는 원앙부부가 되어 부모를 잘 모시면서도 자식을 잘 길러 알콩달콩 사는 부부로 만들고 손주들도 성장하여 그렇게 행복한 부부가 되도록 하는 지혜로운 자가

있다면 바로 그 자가 성공한 자다.

그 부부는 후손까지 행복한 삶을 영위하게 하는 지혜를 갖고 있으며 또한 그 지혜를 후손에게 정확하게 알려 주는데 성공한 자이기에 진정 성공한 자라는 것이다.

신정치인은 스스로는 물론 국민들에게도 후자의 성공을 권유하는 정치에 목숨을 거는 자들이다. 이런 사회라면 물질이 넘쳐 흐르지 않아도 행복한 인간사회로 향한다. 승리보다는 화합을 우선하는 사회적 정체성이 확고하기 때문이다.

012

이중적 상식

인간은 살아가면서 많은 상식을 접한다. 그러나 수천 년 동안 깊은 사색 없이 관습에 의존하다 보니 혼란과 갈등만을 부추기는 상식들로 철갑을 두르고 있다.

바로 이중적 상식이다. 양심자(나눔자)나 비양심자(탐욕자) 누구나 수긍을 하지만 정체성이나 합리적 기준이 모호해서 결국 양쪽 모두를 분열시켜 불행하게 만드는 상식을 말한다.

대표적 사례를 들어보자.

'누구나 부자가 되기를 원한다.'

이것은 분명히 상식이다. 그러나 부자에 대한 도덕적이고 합리적인 개념이 불분명하여 나눔자들의 아름다운 나눔정신을 위축시키고 탐욕자들의 물질축적에 명분을 줌으로써 사회가 황금만능주의로 향해 달려갈 수밖에 없다. 심지어 '부자 되세요'라는 인사법까지 즐기고 있다.

부자란 원래 의식주와 문화적 삶을 누릴 수 있는 풍족한 물질과 깊고 따뜻한 영혼을 가진 자를 말한다. 영혼은 무한하게 깨우쳐도 되지만 물질은 그렇지 않다. 어느 한계를 넘어서면 물질에 시간을 뺏기면서 영혼이 탁해지고 무디어지기 시작한다는 것이다.

요즘 화폐로 약 10억 정도면 서민적 삶을 충족시키고도 남는 부자다. 10억으로는 중형아파트도 살 수 없다는 자들도 있지만 사치나 과시를 멀리하면 4인 가족이 원하는 의식주와 기타 비용을 해결하고 남을 재화이고 경제후진국의 국민들에게는 경이로운 재산에 해당된다.

이러한 부자가 되기 위해 절약하고 재테크에 열정을 쏟으며 물질에 욕심을 부리는 것까지 탐욕이라 말할 수는 없다.

그러나 10억을 가지고도 더 큰 물질을 목표로 하는 자들이 있다. 물질 탐욕에 중독된 자이며 사치나 과시문화에 젖은 이중인격자로 변질될 수밖에 없다. 사회를 양극화로 몰고 가는 삶의 목표는 아무리 정당해도 결코 정의로울 수 없으며 세상을 분열시키는 잘못된 삶이다. 그들은 평범한 서민들의 지혜가 담긴 각종 문화들을 사치와 과시문화에 연결시킨 화려함과 웅장함에 매료된 자들이기에 서민과의 차별성을 행복이라고 확신하는 자들이다.

이와 같이 10억도 부족해 그 이상의 재산축적에 열정을 쏟는 자는 '물질의 크기는 성공과 명예의 저울'이라고 생각하는 자이기에 경쟁자나 혈족간에 물질로 인한 다툼이 잦다. 부끄러움도 모르는 재벌가의 재산분쟁이나 주식투자가 그 대표적 사례다. 그들이 모이면 부동산, 주식, 펀드, 인맥, 법률지식 자동차, 골프, 의류, 가재도구 등의 물질에 관한 대화가 주류를 이룬다.

그들은 물질의 꽁무니를 따라 혀를 날름거려 축적된 재산을 매우 큰 자부심으로 느끼는 영혼을 가진 자다. 그들은 그들끼리만 어울리며 물질에 흔들리지 않는 진정한 자와 소통자체가 어려워 서로 어울릴 수가 없다.

탐욕자들의 주위에는 진정한 자가 서서히 멀어져 갈 수밖에 없다. 그들의 가장 큰 불행은 바로 여기에 있다. 마치 엄청난 식탐으로 인해 초고도 비만이 되어 복근남녀들과 어울리지 못하는 측은한 자와 같다. 사치와 과시야말로 인간성과 진정성을 갉아먹는 기생충이요, 행복을 변질시키는 원흉이며 맑고 깊은 영혼으로 향하는 길을 스스로 가로막는 어리석은 행위다. 더 더욱 심각한 것은 환경오염과 에너지 과소비를 촉진시켜 인간몰락의 위기를 앞당기는 생활양식이다.

이제는 그들도 영혼의 진정성에 목적을 둔 사랑과 평화와 행복과 역사와 문학과 철학 등의 인문에 관심을 가져 소통의 지혜를 터득하고 자신의 탐욕을 가슴속 깊이 부끄러워해야 한다.

맑은 물(영혼)이 담겨 있는 옹달샘을 보라. 바닥이 썩는 저수지와 다르다. 물이 넘치면 여지없이 아래로 흘려보내는 모습은 너무나 아름다워 예술의 경지다. 솟는 샘물이 아까워서 둑을 높게 쌓으면 샘의 물구멍이 막혀 물이 썩고 생명수로서의 가치가 사라진다. 인간의 물질소유 또한 옹달샘의 이치를 따라야만 진정성과 인간성이 되살아나고 행복을 누릴 수가 있다. 그것이 곧 순리이며 법률보다 앞서는 상식인 것이다.

재물에 악착같은 갑부들이여. '넘치면 즉시 흘려보내라'는 옹달샘의 상식을 깨우치고 뉘우쳐 나눔으로 향해 두 팔을 활짝 펴고 진정한 행복을 쟁취하길 바란다.

013
나눔의 지혜

　지구에 생명이 출현하게 된 원동력은 무엇인가? 그 어떤 혹성보다도 자연스러운 나눔이 가능했기 때문이다. 연결과 균형과 순환의 환경이 너무나 자유로웠기에 서로가 끝없는 나눔을 행하면서 진화를 거듭했고 생명이 탄생된다. 땅이 융기하여 형성된 산이 비바람의 침식작용으로 계곡이 형성되고 그곳의 돌멩이가 계곡물을 따라 내려와 강 하류의 자갈이 되며 다시 해변의 모래가 되는 것도 모두 나눔의 원리다.

　나뭇잎이 떨어지고 거목이 쓰러지면 흙이 되어 나누고 이글거리는 태양이 수증기를 만들면 구름이 되어 온 세상에 비를 내려 골고루 나누었다.

　이와 같이 만물은 서로 나눔을 행하면서 발전했고 그 중에서도 나눔의 혜택을 가장 많이 받아 진화의 정점에 오른 자가 바로 인간인 것이다. 그러므로 나눔을 되새겨 법과 제도의 핵심적인 정체성으로 설정하는 것은 자연에 대한 인간의 도리이며 당연한 순리다. 만일 나눔의 이치를 거스르는 제도로 향하면 언젠가는 그에 상응하는 치명적인 대가를 치를 수밖에 없다.

　그러나 오늘날의 민주주의라는 사회제도는 나눔의 책임보다 축적의 자유를 우선하며 자연이 가르쳐 준 나눔의 깊은 이치를 비웃고 있다.

수천수만 명이 풍족하게 먹고 살 수 있는 물질을 독식하기 위해 수단과 방법을 가리지 않는 탐욕자를 부끄럽게 하기는 커녕 부러움의 대상으로 만드는 사회제도에 물들어 버린 것이다. 아무리 훌륭한 민주국가라고 일컬어도 과잉물질을 즐기는 탐욕자에게 유익한 제도를 용인하는 국가라면 서민의 생활을 고달프게 하는 반민주국가이며 아무리 선진사회라고 자화자찬해도 계급사회와 양극화를 심화시키는 사회제도라면 반민주사회다. 지금 민주주의의 표본이라고 일컫는 미국이나 영국에서 월가의 데모가 벌어지는 것도 반민주적 사회에 대한 민중의 몸부림이다.

인류역사에서 일어난 모든 민중봉기는 자연의 이치인 '나눔'을 거부하는 대상들에 대한 분노인 것이다. 서민의 수천수만배 이상의 재산을 가진 탐욕자들은 자신의 실력만으로 형성된 축적임을 확신하고 있다. 그들의 재산은 인간이 만든 법이나 제도의 틈새나 방임 속에서 환경적이고 사회적 도움을 받은 행운임을 빨리 깨우쳐야 한다. 국가와 국민이 이룩해 놓은 땀과 노력 그리고 사회적 인프라를 이용하지 않고서는 불가능한 재산이라는 것이다. 그러나 그 축적을 자신의 능력인 양 뽐내며 나눔을 외면하고 갑부나 재벌이 되어 온갖 사치와 과시문화를 퍼뜨리고 있는 것이다.

그들은 축적의 실력을 가진 탐욕자일 뿐 나눔의 능력을 가진 진정한 성공자가 아님을 뼈저리게 뉘우쳐야 한다.

지혜로운 자는 필요 이상의 축적이 되면 어떤 나눔에 대한 성숙된 계획을 미리 준비하고 있기에 평소에 멋지고 아름다운 나눔을 실천하며 후회 없는 삶을 살지만 탐욕자는 필요 이상의 축적이 되어도 더 큰 축적을 위해 평생을 달리다가 나눔에 대한 계획을 미리 준비하지 못해 후회스런 삶을 살고 간다.

그것은 마치 산을 오르는데 집착하다가 어둠이 깔린 산을 내려오면서 불안과 조바심에 떠는 것과 같다.

시장에서 제대로 먹지도 못하고 수십 년간 콩나물을 팔아 모은 전재산을 대학재단에 기부하는 할머니가 있는 가 하면 피땀을 흘리며 모은 수백억의 전재산을 사회에 환원하는 기업가나 교수도 있다.

이런 자들 역시 나눔의 이치를 깨우칠 생각을 하지 못하고 수십 년 동안 '왕소금'이라는 수식어가 따라다닐 정도로 절약에만 몰입하여 축적에 성공한 탐욕자이지만 늦게나마 엄청난 용기와 결단으로 탐욕의 올가미에서 탈출하여 나눔을 선택했으니 갑부나 재벌보다는 백배 천배 낫다.

지혜로운 자가 넘치는 물질을 즉시 나누는 이유는 뭘까? 그 이유는 너무나 간명하다. 나눔을 행해야 할 시점에도 끝없이 축적하는 행위야말로 인간탄생의 이치를 깊이 헤아리지 못하는 무지함의 극치이며 자연과 양심을 속이는 일로 확신하기 때문이다. 그러므로 넘친다고 느끼면 그 축적의 부끄러움에 즉시 나눔에 몰두할 수밖에 없다. 그러나 부끄러운 이유조차 깨닫지 못한 갑부나 재벌들은 지혜로운 자의 나눔을 보며 멍청한 나눔으로 비웃을 수밖에 없는 것이다.

014

민주주의의 적

민주주의의 위기는 어디에서 비롯되었나? 그것은 민주주의를 뒷받침해 온 자본주의의 과욕과 무관하지 않다. 민주주의와 자본주의는 떨어질 수 없는 직렬적 관계이고 그 중에 민주주의가 우선적 관계임에도 민주보다 자본을 우선시한 사회계약이 민주질서를 파괴시키고 있다.

오늘날의 민주주의는 민주보다는 자본에 좌우되는 경제 우선의 정치제도로 변질되어 있다는 것이다.

물론 경제도 중요하지만 그 가치가 정치위에 있으면 인간성보다는 물질이 앞서는 모순덩어리가 곳곳에 주렁주렁 열린다. 정치인을 꿈꾸려면 일단 재력이 있어야 가능하고 선거에 승리하려면 맘모스적 경제공약을 우선해야 하며 1%의 갑부층은 정치인과 밀접한 로비관계를 유지하면서 자본거래를 하는 제도이니 어찌 부조리가 없겠는가? 이러한 사회는 대중들까지도 물질적 부패에 물들어 걸출한 인재보다는 자신에게 자본적 이득이 되는 자에게 투표하는 경향으로 흐를 수밖에 없다. 이와 같이 자본 우선의 정치는 대중들까지 탐욕자나 이중인격자를 만들어 자본이 영혼을 지배하는 사회로 몰락한다.

예를 들어보자.

한국의 성인들에게 '만일 당신이 생활이 매우 힘들 때 10억을 챙길 수 있는 불법정보를 알고 있고 그 범죄를 실행에 옮기면 90%의 가능성이 있지만 발각되면 3년의 감옥행이다. 범죄를 저지르겠는가?'라고 질문한다면 70% 이상이 그렇게 하겠다고 답할 것이다.

그리고 또 이렇게 질문해 보라. '국가기밀을 악용하여 10억의 이득을 챙기다가 발각되어 감옥에 가는 지도층 인사들을 어떻게 생각하는가?' 절대다수는 그러한 행위에 약 20년 이상 감옥에 넣어야 한다고 외친다. 그리고 감옥에 가는 지도층 인사들도 마음속으로 이렇게 속삭인다. '대중들아, 당신들도 내 위치에 있으면 교묘하게 유혹하는 뇌물공세에 견딜 수가 없을 것이다.' 이와 같이 자본을 우선하는 민주사회는 물질이 우선이므로 자신이 범법하면 로맨스요 남이 하면 스캔들이라는 이중성 개념이 팽배해 있다.

이러한 자본위주의 사회를 혁명적으로 변혁시킬 수 있는 유일한 해결책이 있다. 대통령을 위시해서 고위직의 부정이나 거액경제범은 그 어떤 변호인단을 구성해도 빠져나오지 못하는 엄하고도 강한 법안을 만드는 것이다. 그러나 정치인들이 문제다. 이러한 엄벌주의가 진정한 개혁 법안의 근간임에도 진보든 보수든 그 누구도 못 본 척하며 딴청을 부리고 있다. 물질과 직위탐욕을 더욱 가속화시키는 솜방망이 법안 속에 내재된 그들의 권위욕과 기득권을 결코 포기할 수 없기 때문이다.

이제는 달라져야 한다.

민주주의의 적은 공산주의도 사회주의도 아니다. 바로 탐욕에 매몰된 부패와 부조리다. 사회 부조리와 직결된 자본 탐욕적 범죄는 권한이나 규모에 정비례하는 강력한 처벌을 해야만 자유의지가 넘치는 창조적 사회는 물론이고 부패 없는 진정한 민주주의가 정립된다.

노트

- -
- -
- -
- -
- -
- -
- -
- -
- -
- -

015
신정치인은
지식인이 아닌 지성인

동물은 본성위주로 살아간다. 굶주리면 먹이를 놓고 목숨 걸며 다툰다. 이 광경만을 보면 본성을 추하게 생각할 수도 있다. 그러나 자신이 목숨 걸고 잡은 먹이라도 배가 부르면 아무런 대가도 바라지 않고 그 먹이를 주위에 넘겨 준다. 이 광경만을 보면 본성이 멋지고 아름답다. 대자연의 이치를 따르는 본성의 화합적 선택이다. 굶주림의 상황에서는 어쩔 수 없는 격투이지만 풍요로울 때는 탐욕에서 벗어나 물질의 공평으로 종결하여 무리의 화합을 이루면서 성공적으로 진화해 온 것이다.

그러나 만물의 영장이라고 자처하는 인간은 정반대다. 식량이 부족할 때는 동물과 달리 서로를 배려하며 나누어 먹다가 먹을 것과 재산이 넘쳐흐르게 되면 더 축적시키는 경쟁에 혈안이 되어 그 옆에서는 굶어 죽는 사람들이 생긴다. 그 이유는 너무나도 간명하다. 인간에게만 독립된 상태로 존재하는 이성 속에 무언가 큰 이물질이 섞여 본성의 뿌리를 갉아먹고 있기 때문이다. 바로 야누스의 두 얼굴을 하고 있는 이성의 한 얼굴이 본성 속에 원존하는 지혜를 바보로 조소하며 교만을 부리고 있다. 바로 변질된 이성이다. 굶주릴 때는 서로가 서로를 배려하는 합리적 이성이 발동되지만 재산이 늘어나게 되면 자신의 소유에 대한 경쟁과 집착으로 그 축적의 과시에 매달리는 변질된 이성이 발동된다는 것이다. 동물은 '어떻게 해서 잡은 먹이인데?'라는 생각을 하지 않고 배를 불린 후 본성의 이치대로 아무런 대가 없이 넘겨주지만 인간은 '어떻게 해서 모은 재산인데?'라고 생각하며 변질된 이성의 이치대로 대가 없이는 나누려 하지 않는다.

구인문은 두 가지 이성을 구분하여 여과하는 논리적 시스템이 없었기에 변질된 이성은 합리적 이성의 탈을 쓰고 인간성의 몰락을 향해 질주해 왔다. 동물의 거칠고 즉흥적인 생존과 사랑의 본성만을 추하게 바라보며 그저 '이성예찬'에만 바빴다. 열심히 노력하고 복이 있으면 부자가 되고 소유에 더욱 집착하여 더 큰 부자가 되는 것을 긍정적으로 묵인해 주는 인문의 길을 재촉했다. 그러므로 엄청난 물질을 가질수록 대우받고 존경받는 인간문화(계급사회와 특권의식)로 변질되어 갔고 재산이 천배 만배 차이가 나는 인간사회가 출현했다. 한쪽은 넘쳐흐르고 다른쪽은 모자라 굶어죽어도 양심과 나눔과 공평으로 행복을 꿈꾸는 사회제도보다는 엄청난 재산의 소유까지도 철저히 보호해 주는 사회제도를 우선했다. 변질된 이성이야말로 계급사회와 특권의식을 만들어 분열과 갈등과 사치와 과시라는 파생상품을 생산하는 법과 제도를 출현시키는데 핵심적인 역할을 했던 것이다.

이리하여 나눔을 외면하고 비축하면 할수록 힘과 권력 그리고 사랑에까지 활용할 수 있다는 논리에 빠져 평생동안 물질 모으기에만 집착하며 그것이 대단한 성공이고 지혜인 양 가슴 뿌듯해 하는 인간들이 각 분야에서 급부상하여 리더가 되고 그들이 이끄는 사회가 몰락의 낭떠러지로 향해도 구인문은 이러한 사회현상을 날카로운 논리로 지적하지 못하고 흘러간 옛 노래(성실 노력 인내 부자)만을 열창하고 있었던 것이다.

오늘날 사람보다 반려동물을 더 가까이 하는 사회현상도 주위에 꽉 들어찬 변질된 이성주의자들을 가까이 겪어 본 후 본성대로만 살아가는 동물이 오히려 믿음이 가는 심리가 작용하기 때문이다. 이와 같이 탁월한 소통으로 만물의 영장이 된 인간이 오늘날에 이르러 심각한 갈등과 분열과 부패와 불통의 중심에 서 있는 이유는 너무나도 간명하다. 지배계층의 절대다수가 변질된 이성주의자들이고 그들만의 변질된 소통이 제도화되고 대중화되고 있기 때문이다. 대중들은 그들의 생활(물질과시와 사치)을 동경하며 물들어 가기에 탐욕의 내성은 사회전반에 걸쳐 더욱 커지고 겨우 명맥만 이어 오던 합리적 이성마저 비웃음의 중심에 서 있다.

물질과 직위탐욕 그리고 이념에 물들지 않고서도 '행복해질 수 있다'는 확신을 주는 새로운 인문이 너무나도 시급하다.

이러한 인문을 위해 반드시 필요한 사람이 있다. 모든 사물의 이치를 훤히 꿰뚫고 있으면서도 인간의 본성이 품격 높게 펼쳐지는 인간사회를 위해 어린 아이처럼 해맑고 바보처럼 진정성이 느껴지는 사람이다. 바로 지성인의 모습이다. 본성적인 실수는 너그럽게 용서하더라도 변질된 이성만큼은 결코 용서하지 않는 지성인이 나타나야 한다. 천 명의 지식인보다 한 명의 지성인이 시급한 시기다 신정치인이 지식인이기보다는 지성인이어야 하는 이유다.

016

성공한 자가 정치를 하려거든

그대는 무엇으로 성공했는가? 기업을 하여 돈을 많이 벌었는가? 소설을 써서 유명해졌는가? 연예인이나 스포츠맨으로 출세했는가? 판·검사로 유명해졌는가? 공직사회에서 승승장구했는가? 부모 재산을 많이 받았는가? 다른 건 다 좋다. 그대가 정치무대에 나서려면 일단 그대의 재산 상태를 보라. 그리고 많은 재산이 있거들랑 필요한 만큼만 놔두고 친지나 이웃 그리고 국가나 사회단체 등등에 그 재산을 효율적이고 의미 있게 나눈 뒤 무대에 서라. 그렇지 않으면 무대에 서서는 안 된다. 왜냐면 국민들이 그대들을 대단하다고는 생각해도 그 많은 재산을 움켜쥐고 서민을 위한 나눔의 정치를 펼치지는 못할 것이라고 확신하고 있기 때문이다. 한마디로 '대단해도 신뢰는 하지 않는다.'는 것이다.

국민적 신뢰는 정치의 핵이다.

그리고 나눔을 외면하는 가슴에서 더 이상 무슨 참된 정치가 나오겠는가? 그대가 이러한 정치의 근본을 일축하고 무대에 오른다면 20~30년 피를 토하도록 열심히 해도 주위사람들만 조금 알아줄 뿐 대다수 국민들은 '큰 도둑이 오랫동안 배를 불렸구나.'라고 생각한다는 것을 반드시 기억하라. 왜냐면 나눔을 실천하는 참된 정치인이기에 임기중에 비리를 저지를 하등의 이유가 없다는 것을 국민들에게 공표한 셈이고 그들이 정치무대에 서면 언론계나 법조계 등의 대형비리사건이 엄청나게 줄어든다는 것이다.

필요한 돈 외의 돈을 돌처럼 보는 정치인이 늘어나면 '돈으로 안 되는 세상'임을 직감한 기득권층이나 공직사회의 분위기가 달라지기 시작하고 진경준이나 최규선 같은 이들이 점점 설 땅이 없어지며 건강한 사회가 저절로 건설된다는 것이다.

그대가 지구를 떠난 후 그대의 비석에 국회의원이라는 명칭은 붙어 있어 가족, 친지들에게는 명예롭게 느낄지는 몰라도 삶 자체가 너무나 힘겨운 일반 서민들은 그 비석을 보고 '이런 큰 도둑 때문에 나라가 늘 어지럽고 우리가 힘겨웠구나.'라고 비웃을 뿐이다. 그러므로 진정 존경받고 사랑받는 정치인이 되려면 많은 재산을 불리지 말고 나눈 뒤 무대에 올라서라. 그런 생각이 철학으로 굳건하게 스며들지 않고서는 정치하지 마라.

017
신인문에 의한 신정치 개념

구인문 역시 사랑을 핵심 주제로 다루고 있다. 그러나 사랑의 그림 또한 이분법적 개념으로 그릴 수밖에 없었다. 사랑에 선과 악 그리고 진실과 거짓이라는 가늠자를 만들다보니 선과 진실만을 끝없이 강조하게 되고 그것은 곧 악과 거짓을 더욱 선명하게 키우는 결과를 자초했다. 증오와 적개심은 바로 여기서 출발된다. 대나무와 버드나무는 서로의 모습이 달라도 헐뜯지 아니하며 둥근 잎을 가진 나무는 뾰족한 잎을 가진 나무를 보고 거짓된 잎을 가진 나무라고 생각하지 않기에 증오하지 않는다. 그러나 성대의 기적으로 대화능력까지 선물 받은 만물의 영장은 그렇지 못하다.

자신의 이념과 다르면 악이나 거짓의 이념으로 규정하고 증오와 적개심을 불러일으켜 자신들의 세력을 키운다. 그리고 전쟁의 명분을 만드는 것이다. 이분법적 인문의 숙명인 것이다.

자신의 이념에 논리적 허점이 존재하기에 상대방과의 소통이 어려움을 먼저 사색하지는 않고 자신의 이념만이 최고의 이념이라 맹신하며 이단을 만들며 끝없는 살육의 인류사를 써내려갔다. 확고한 논리가 없는 선과 진실 그리고 정의나 양심은

상대방에게 악과 거짓 그리고 불의나 비양심으로 보일 수 있어 서로 목숨 건 혈투를 할 수밖에 없다는 것이다.

구인문이 가고자 했던 방향은 결코 아니었지만 스스로가 그렇게 유도했고 그 결과 증오와 저주가 탄생된 것이다. 이러한 구인문은 오늘날의 구태정치에도 영향을 주고 있다. 수천 년 동안 내려온 구인문적 학습을 성실하게 이수한 자는 더욱 이분법적 개념에 빠져들게 되고, 그러한 자가 모든 분야의 리더로 자리하게 되어 사회전체가 온통 '이분법적 불통'으로 가득 차고 대혼란에 빠지게 된다.

정치지도자 또한 예외일 수가 없다는 것이다. 정치이념에만 몰입되어 상대를 삿대질하는 정치를 정의롭고 장엄한 정치로 믿고 있는 것이다. 이러한 정치개념은 상대이념의 장점을 모르는 체하며 외면해 버리고 상대의 허점만을 찔러대는 네거티브 정치로 흘러갈 수밖에 없다. 평생동안 받아온 인문교육과 사회체험이 선과 악 그리고 진실과 거짓이니 모든 정치적 상황을 그 잣대만으로 바라보는 것이다.

상대이념의 정책 중에 칭찬할 것이 있으면 칭찬해 주는 포지티브 정치를 하고 싶은 마음도 있겠지만 구인문이 만들어 놓은 정치관습은 그러한 정치를 불가능하게 하고 있다. 상대이념을 이미 총체적 악이나 거짓으로 규정하는 습성에 굳어 있는데 어찌 칭찬할 부분이 있단 말인가?

만일 상대 정책이념 중에 옳은 부분이 있어 과감히 칭찬하면 구인문에 중독되어 있는 양쪽 이념세력으로부터 흑백이 선명하지 않고 양다리를 걸치는 사이비로 몰려 정치생명까지 위험에 처하게 된다. 상대를 증오하며 분열의 정치를 할 수밖에 없는 정치적 숙명 속에 갇혀 있는 것이다.

새로운 정치는 선악과 진실과 거짓으로 승부하는 이분법이 아니라 심오한 논리로 타당과 비타당을 명쾌하게 구분하여 합리로 승부하는 정치다.

노트

- -

- -

- -

- -

- -

- -

- -

- -

- -

- -

018
진보와 보수의 신정치적 개념

어느 나라를 막론하고 정치무대에는 진보와 보수가 대립하고 있다. 그리고 일부의 선진국은 물론이고 후진국일수록 정치발전을 가로막고 있는 정치이념으로 변질되어 버렸다. 진보와 보수를 이념의 가치로만 바라보고 있기 때문이다. 보수는 고리타분하고 진보가 항상 새롭게만 느끼는 자는 어리석은 정치식견을 가지고 있다고 해도 과언이 아니다.

진보와 보수는 승용차의 가속페달과 브레이크처럼 서로 하모니를 위한 타이밍과 교감의 정치기술일 뿐이다. 가속페달 위주의 운전이든 브레이크 위주의 운전이든 타이밍을 놓치고 서행하거나 쾌속 질주하는 승용차라면 사고가 날 수밖에 없다. 차가 많고 복잡한 거리에서는 브레이크를 자주 사용해야 하고 고속도로에서는 가속페달을 더 많이 사용해야 한다는 것일 뿐 이념론으로 싸움박질을 하는 정치수준이라면 소통부재로 인해 선진 정치의 필수품인 대연정은 불가능하다.

목수에게 필요한 톱과 대패처럼 진보와 보수는 훌륭한 정치를 하기 위해 필수적으로 지니고 있어야 할 정치인의 연장일 뿐이다. 대패를 무시하고 톱질만으로 멋진 집을 지으려는 목수나 톱을 외면하고 대패만으로 예쁜 집을 지으려는 목수가 무슨 집을 지을 수가 있단 말인가? 목수가 톱과 대패 중에 어느 것에 집착하지 않고 둘 다 중히 여기고 필요시에만 선택하는 것처럼 진보와 보수는 따로 떨어져서 힘자랑하는 것이 아니다.

이처럼 신정치란 자신의 이념에 대한 자존심을 내세우며 상대이념을 비웃는 구정치와 다르다. 정책의 흐름과 방향에 따라 두 이념의 비율을 잘 섞어 국민의 등을 긁어 주는 정치인 것이다.

Section

04

신정치에 필요한 신개념

001

신정치에 필요한 신개념

사람의 영혼이 바뀌려면 어떻게 해야 할까?

새옷을 입고 새신을 신고 새집을 산다고 영혼이 바뀌지 않는다. 기분만 들뜰 뿐이다. 생각을 전환하여 신개념을 정립해야만 가능하다. 노력과 성실과 양심도 생각이 달라지면 그 삶의 방식과 모습과 행동과 결과도 전혀 다르다.

예를 들어 살생을 하지 않고 살려고 다짐하면 영양탕식당이나 정육점을 결코 하지 않을 것이고, 술이 인간에게 좋은 것이 아니라고 확신하면 아무리 돈을 번다고 해도 술집은 하지 않게 된다. 신과 귀신이 없다고 믿으면 모든 책임과 권리와 삶의 결과가 스스로에게 있다고 생각하며 살아가기에 그 전과 전혀 다른 삶을 살 수 있고 성공의 목표가 부와 명예가 아닌 행복이라고 생각하면 돈을 모으는데 소요하는 시간보다 행복의 요인들을 사색하는데 시간을 더 많이 사용한다.

신정치 또한 마찬가지다. 기존의 정치개념으로 성실과 노력을 다 해봐야 구정치일 뿐이며 국민에게 진정성으로 다가갈 수 없다.

진보와 보수에 집착하고 좌파와 우파에 신경 쓰며 돈이 많아야 정치를 할 수 있다는 개념으로는 국민을 고통스럽게 할 뿐이다. 정치에 핵심적 용어인 진정성, 능력, 행복, 지혜, 융통성 등이 진실성, 실력, 행운, 지식, 변통성 등과 어떻게 구분되며 어떤 시각에 놓여 있는지를 간파할 줄 알아야만 신개념에 의한 신정치를 할 수 있는 기본적 역량을 품게 되는 것이다. 한마디로 기존의 정치개념과 인문개념을 바꾸어야 한다.

신개념을 깊이 이해하지 못해서 기존의 개념에 의존하는 자가 정치무대에 오르니 항상 자존심과 승리를 우선하고 원한과 보복의 정치로 정치무대를 얼룩지게 하면서 스스로 자멸하는 것이다. 신정치인이라면 핵심적인 용어의 차별화에 대한 확고한 신념을 갖고 정치에 임해야 한다. 기존의 전통과 관습에 매달려 있는 구개념에 홀려 자신의 영혼이 황금조끼에 사로잡혀 있다는 사실도 모르고 있기에 구정치에만 몰두하다가 한눈팔게 되고 결국 헛고생으로 끝난다.

명예를 얻기 위해 정치를 했지만 결국은 국민으로부터 손가락질당하는 불명예만 안고 고통과 병마에 시달리는 황혼을 맞이하게 될 것이다.

002
진정성과 진실성을 구분할 줄 알아야

진실한 사랑과 진정한 사랑은 어떻게 다를까?

곰곰히 생각해 보면 답은 나와 있다. 젊은이들은 서로 사랑하면서도 자주 다투고 싸우는 편이다.

진실한 사랑에만 집착하여 큰 문제도 아닌 거짓도 하나하나 따지다 큰 상처로 변질되어 헤어지기도 한다. 훗날 보면 아무 것도 아닌 일이기에 후회스럽기 짝이 없다. 그러나 사랑은 이미 끝난 것이다. 그래서 중년을 넘어서면 진정한 사랑의 매력에 빠진다. 폭넓은 이해와 용서 그리고 포용에서 나오는 사랑이기 때문이다. 진정으로 깊은 사랑이다. 그런데 종교에서는 진정성보다 진실성이란 용어를 많이 사용한다. 진실과 거짓을 선과 악의 개념에 적용하기도 한다. 참으로 단순한 논리비약이다. 자신의 종교만 진실이고 타종교의 진실은 인정하지 않는다. 이처럼 종교적 분쟁은 진실게임에서 시작되는 것이다. 진실게임 때문에 억울한 죽음이나 파멸로 치닫는 사건은 종교나 인류역사에 너무나 허다하다.

도 아니면 모 라는 개념이기 때문이다. 진실과 거짓에 집착하는 정치인들을 가만히 지켜보면 시작은 박수갈채를 받지만 나중은 갈등과 분열을 증폭시키고 정치수준을 더욱 떨어뜨리는 결과를 초래하는 이유도 여기에 있다. 이처럼 아주 옛날의 제사장이 가진 종교적 개념을 그대로 이어받은 선악이나 진실게임의 구정치는 이제 끝내야 한다.

진정성은 진실성과는 차원이 다르다.

진정성은 자연을 닮아 있다. 대자연의 동식물들은 살아가기 위해 상대를 속이는 전략과 전술을 기꺼이 사용하고 있다. 진정성은 진실과 거짓을 극과 극으로 대치시키는 것과는 달리 부드러움과 날카로움 정도로 여긴다. 거짓도 그 의미와 가치가 존재하며 진실도 무의미하거나 고통스러울 때가 있다는 것이 진정성의 핵심개념이다. 진실과 거짓을 구분하기보다는 그 속에 지닌 의미와 가치를 더 소중히 여기며 그 두 가지의 양극보다는 그 속에 잠재하는 사랑과 신뢰를 우선하겠다는 인성이다.

예를 들어 노모에게 자신의 깊은 질병을 숨기고 있든지 칭찬할 것이 별로 없는 자녀에게 큰 칭찬을 해 주듯이 거짓도 반드시 필요할 때가 있다. 그리고 자녀에게 진실만을 얘기해 줄 수 없듯이 국민들에게 진실만을 얘기할 수 없다. 진정으로 사랑하기 때문이다. 그러나 진실성은 진실 그 자체에만 집착하다보니 거짓에 너무나 가혹하여 흑백논리로 치닫고 결국 사회의 근간에 혼란을 초래한다. 진실성의 가장 큰 문제는 이념이나 시각에 따라 진실의 방향이 달라 양쪽 다 진실을 주장하면서 갈등과 분열의 씨앗이 싹트는 것이다. 그러나 진정성이란 진실과 거짓을 그 상황에 따라 진정하게 잘 버무려 중용으로 향하는 마음이기에 양쪽 다 수긍하는 것이어서 정치인에게는 가장 중요한 인성이다. 그리고 그 진정성은 서민성과 깊게 연결되어 있다.

신정치인이 진실성보다는 진정성을 중히 여기는 이유도 여기에 있다. 신정치인은

진실과 거짓을 위해 목숨을 바치지 않는다. 국민에 대한 진정한 사랑과 신뢰를 위해 목숨을 바칠 뿐이다.

노트

003

능력과 실력을 구분할 줄 알아야

　오늘날 능력이라는 의미가 긍정과 부정의 개념을 넘나들며 사용되고 있
다. 물질만능주의에 오염되어 그 정의가 혼탁해진 것이다. 능력이라는 용
어야말로 사회의 화합과 혼란을 결정짓는 핵심적 인문용어이기에 그 정의
의 개념을 바로 정립시키지 못하면 인문의 미래는 절망적일 수밖에 없다.

　능력과 실력 또한 서로 연결되어 있지만 그 정체성은 분명히 다르다. 정
치에 '권력실세'나 '실력행사'라는 용어는 사용해도 '권력능세'나 '능력행사'
라 하지 않고 종교에 '초능력'이라는 용어는 사용해도 '초실력'이라 하지
않는 것은 두 용어의 정체성이 다르기 때문이다.

　**실력이 나무를 보는 것이라면 능력은 숲을 보는 것이다. 실력이 현미경과 같아
부분적 분야를 확대, 분석하는 것이라면 능력은 만원경과 같아 총체적 분야를 연
결, 조정하는 것이다. 실력이 소통보다는 자기만의 세계를 중시한다면 능력은 소통
을 가장 우선하며 우리의 세계를 중시한다. 실력은 사랑이 넘치는 사회를 만드는데
무심해도 인정받지만 능력은 자신과 사회가 함께 사랑으로 향하게 하는 근본이 되
어야 한다. 실력은 삶과 생활에 대한 극한 체험을 하지 않고 탁상에서만 고뇌해도**

이룰 수 있는 것이라면 능력은 반드시 다양하고 깊은 체험을 한 후 사색해야만 이룰 수 있다.

실력이 주위사람들의 머리를 감탄시키고 경쟁심을 일으키는 힘이라면 능력은 주위사람들의 가슴을 뭉클하게 하고 존경심을 일으키는 힘이다. 실력은 자신의 지식공간을 가득 채우는데 정성을 드리는 힘이라면 능력은 자신의 지식공간을 잘 정돈하여 다른 지식이 들어와도 쉽게 연결할 수 있도록 지식공간에 여백을 두는 힘이다. 실력이 인간이 만들어 놓은 논리를 잘 활용하는 힘이라면 능력은 자연의 이치를 꿰뚫어보며 이를 인간의 행복에 활용하는 힘이다.

실력은 이성의 폭과 깊이를 더하기 위해서만 사용하는 힘이라면 능력은 본성의 멋과 아름다움을 위해서 이성의 폭과 깊이를 더하는 힘이다.

그러므로 실력자는 눈이 빛나고 빈틈이 없어 보이지만 그 실력을 벗어난 곳에서는 많은 빈틈이 나타나고 능력자는 눈이 맑으며 스스로 빈틈을 보여줌으로써 포용을 만들며 빈틈을 서서히 채워 간다.

실력자는 무언가를 낚으려 하는 소유를 즐기는 편이지만 능력자는 그저 관조하며 소유에 무심한 편이다. 실력자들끼리는 이념이나 의견충돌이 증폭되어 돌이킬 수 없는 증오와 분열로 향하기도 하지만 능력자들끼리는 사랑과 화합의 모습으로 수렴시킨다. 실력자는 자존심이 강한 편이어서 자신이 모르고 있는 분야를 모른다고 스스로 밝히지 않는 편이어서 더 넓은 영역을 섭렵할 수 없지만 능력자는 자부심이 강한 편이어서 자신이 모르는 분야를 모른다고 밝히는 편이어서 그만큼 많은 것들을 더 깨우치게 된다.

실력자는 '자아실현의 4대 요소(판단력, 결단력, 설득력, 친화력)를 자기중심적 사고에서 출발하지만 능력자는 자신과 남과의 공유적 사고에서 출발한다. 그러므로 실력자는 CEO나 재벌은 될 수 있어도 국민을 다스리는데 한계가 있고 능력자는 공유적 사고를 우선하기에 결코 재벌이 될 수 없지만 국민을 다스리는데 무한하다. 신정치인이야말로 신개념의 능력자가 되어야 하는 이유다.

노트

- -

- -

- -

- -

- -

- -

- -

- -

- -

- -

004
행복과 행운을 구분할 줄 알아야

행복과 행운은 심장과 폐처럼 서로 연결되어 있지만 그 정체성은 다르다. 행복과 행운의 개념차이를 명확히 이해하지 못하는 자라면 신정치를 할 자격부터 없다. 국민들에게 행운보다는 행복을 만들어 주는 능력이 있어야 하기 때문이다. 그 만큼 신정치의 중요한 개념이다.

행운이 물질과 불공평을 향해 두 팔 벌리고 있다면 행복은 영혼과 공평을 향해 미소를 머금고 있다.

행운이 엔돌핀이라는 신경물질로 잠시 즐거움을 주는 피난처라면 행복은 세레토닌을 생산해 내어 영원한 즐거움을 주는 안식처다.

행운이 화려한 꽃만을 보고 흥겨워하는 것이라면 행복은 그 꽃의 뿌리를 먼저 사색하며 즐거워하는 것이다.

행운이 사치스럽고 드러내기를 좋아하는 것이라면 행복은 평범을 즐기며 억지로 눈에 띄려 하지 않는 것이다.

행운은 승패에 몰두하기에 정법보다 편법이나 비법이 사용되지만 행복은 원원을 생각하기에 편법이나 비법보다 정법을 사용한다.

행운이 운명을 바꾸는데 집착한다면 행복은 운명을 갈고 닦는데 심혈을 기울인다.

행운이 술을 마시고 취해 있는 것이라면 행복은 물을 마시고 상쾌해지는 것이다.

행운이 연결논리가 부족하고 어느 순간에 얻어지는 것이라면 행복은 연결논리에 근거하고 서서히 축적되는 것이다.

행운이 머리이고 암기이며 순진에 빠져 있는 것이라면 행복은 가슴이고 사색이며 순수로 향하는 것이다.

행운이 부자연스럽고 한시성을 지녔다면 행복은 자연스럽고 영원성을 지니고 있다.

행운은 생선과 같아 오래될수록 부패되어 악취가 날 수 있는 것이라면 행복은 포도주와 같아 오래될수록 더욱 발효되어 향취가 나는 것이다.

행운은 개인성에 집착하여 불행의 씨앗이 될 수도 있지만 행복은 사회성이 함께 존재하며 불행이 될 수 없다.

행운 속에는 탐욕을 키우는 인자가 들어 있고 행복 속에는 꿈을 키우는 인자가 들어 있다.

행운이 모방을 좋아하는 것이라면 행복은 모방을 달가워하지 않는 것이다.

행운이 판치는 사회는 질투와 탐욕을 낳지만 행복이 가득 찬 사회는 사랑과 양심을 낳는다.

행운의 속은 비어 있어 훗날 공허하지만 행복의 속은 열매의 씨처럼 깨우침으로 가득 차 있어 영원히 공허하지 않다.

마지막으로 행운은 게으른 자에게도 오지만 행복은 부지런한 자에게만 온다.

005
욕심과 탐욕을 구분할 줄 알아야

욕심과 탐욕의 차이점을 논리적으로 구분해 놓지 못한 구인문은 '둘 다 버려야 한다.'고 수천 년 동안 노래를 불렀다. 그러나 신인문의 시각은 다르다. 탐욕은 반드시 버려야 하지만 합리적 이성으로 숙성된 욕심은 삶의 의미와 가치를 창조하는 불쏘시개의 역할을 하고 있기에 꿈을 이루기 위해서는 반드시 욕심이 필요하다는 논리다. 그렇다면 욕심과 탐욕의 차이는 무엇인가? 자신의 생존과 사랑에 꼭 필요한 물질과 영혼을 얻기 위해 이기심을 가지는 것이 욕심이라면 그 이상의 이기심을 가지면 탐욕이다. 전자가 합리적 이기심이고 후자는 변질된 이기심인 것이다.

좀 더 구체적으로 접근해 보자.

욕심과 탐욕은 하나의 선상에 위치하고 그 방향성도 같지만 타당과 비탕당이라는 극과 극의 결과로 나타나기에 그것을 분별하는 능력이야말로 행복과 불행을 결정하는 나침반이다. 이러한 분별능력이 부족한 자가 크게 성공하거나 출세하게 되면 욕심의 임계점을 넘어서 탐욕으로 변질되어 있다는 사실을 깨닫지 못하고 끝없는 탐욕의 세계에 빠져들면서 훗날 불행의 계곡으로 떨어질 수밖에 없다는 것이다.

필요이상의 물질이나 능력이상의 직위를 갖는 행운을 거머쥐고 가문의 영광이라 생각하는 것 자체가 탐욕이기 때문이다. 이와 같이 자신의 꿈을 위해 욕심을 가지면서도 탐욕의 세계에 빠져들지 않는 분별능력을 갖추게 하는 학문이 있다. 바로 철학이다. 그 속에는 자연의 이치가 깊이 내재되어 있기 때문이다. 철학에 무심한 인간은 정상적인 성공과 출세를 해도 더 큰 것을 생각하다가 탐욕의 유혹에 빠져들기가 쉽다는 것이다. 인간이 철학을 공부해야 하는 이유가 바로 여기에 있다.

'너 자신을 알라'라고 외쳤던 소크라테스야말로 철학의 정곡을 찔렀다. 철학은 승패를 겨루는 학문이 아니라 자연과 인간의 연결고리와 균형추를 깨우쳐서 자신을 알게 하는 학문인 것이다. 그러므로 철학이 무르익은 사회의 구성원들은 스스로를 깨우치고 있기에 너와 나의 소통이 탁월해져서 이념적 갈등이나 이분법적 흑백논리에 휘말리지 않고 자연스레 화합과 원원의 사회로 향하게 된다.

나를 알게 되면 나의 능력을 알게 되고 나를 사랑하는 방법을 깨우치게 된다. 그리고 상대를 알게 되고 상대를 사랑하는 방법까지 깨우치게 되어 탐욕이 사라질 수밖에 없는 사회적 분위기를 형성시킨다.

이와 같이 탐욕이 사라진 합리적 욕심은 순수하여 행복하지 아니할 수가 없다.

자신의 능력이상의 직위를 바라거나 과시나 사치위주의 저택과 스포츠카 그리고 골프와 밍크코트를 즐기며 필요이상의 많은 재산을 축적하여 자식에게 물려주는데 혈안이 되어 있는 자는 틀림없는 탐욕자이며 결코 신정치인이 될 수 없는 자다.

006

지식과 지혜를 구분할 줄 알아야

지식과 지혜는 폐와 심장처럼 서로 연결되어 있지만 그 정체성은 구별되어야 한다.

지식이 남들이 사색하고 체험한 기록에 감탄하며 닮으려는 것이라면 지혜는 자신이 체험한 삶과 지식을 연결시켜 체계화하는 것이다.

지식이 암기와 모방을 우선한다면 지혜는 사색과 창조를 우선한다는 의미다.

지식이 제각각의 부품을 효율성 있게 정돈시키는 차량부품 관리사라면 지혜는 그 부품들을 절묘하게 연결시켜 움직이게 하는 차량 정비사다.

지식이 각 부품의 성능과 기능에 대한 파악력이라면 지혜는 부품과 부품의 연결성과 균형성을 꿰뚫는 통찰력이라는 의미다.

지식이 인간주변과 문명의 정체성을 정돈시키는 앎이라면 지혜는 인간자신과 문화의 정체성을 체계화시키는 앎이다.

지식이 이득과 흥미가 앞서는 앎이기에 갈등과 분열의 소지도 있다면 지혜는 공평과 사랑이 앞서는 앎이기에 이해와 화합만이 존재한다.

지식은 어느 한 분야에만 탁월해도 인정받기에 사회적 균형을 깨트려 인간에게 해로운 분야도 있지만 지혜는 연결과 균형을 중시하는 중용철학의 실행이기에 해로운 것이 없다.

지식은 과학적 논리만 탁월해도 가능하지만 지혜는 철학적 논리가 반드시 추가되어져야 한다.

지식이 핸들과 가속패달이라는 평면시스템으로 이루어져 있다면 지혜는 브레이크까지 추가된 입체시스템으로 이루어져 있다.

지식은 평면적이기에 체험을 하지 않은 자라도 얻을 수 있고 그 지식을 체험이 부족한 자에게 이해시키기 용이한 장점이 있지만 지혜는 입체적이라 폭넓은 사색과 체험이 있어야 얻을 수 있고 체험이 결여된 자에게는 이해시키기가 힘든 단점이 있다.

지식이 '도자기를 굽는 방법'이라는 책 한권을 정독하여 습득된 앎이라면, 지혜는 수십 년 이상 도자기를 굽다가 경지까지 도달한 도공의 앎이다. 지식인은 그들끼리의 소통에만 흥미를 느낀다면 지혜로운 자는 다양한 계층과 소통을 즐긴다.

훌륭한 걸작품을 보면 마음이 숙연해지듯 지혜로운 자를 보면 자신도 모르게 탐욕이 사라지고 사랑과 행복과 순수가 가득해진다.

지혜로운 자가 신정치인이 되어야 하는 이유다.

007
인내력과 지구력을
구분할 줄 알아야

마음을 다스린다는 참 의미는 무엇인가?

그 해답은 인내력과 지구력의 철학적 정의 속에서도 살아 숨 쉬고 있다. 인내력과 지구력은 공감영역도 있지만 다음과 같은 9가지 차이점이 있다.

하나. 인내력은 인간의 감성보다는 이성에 의해 좌우되는 의지력이라면 지구력은 인간의 이성보다는 감성에 의해 좌우되는 의지력이다.

둘. 인내력은 하기 싫거나 하지 말아야 할 것을 지키는 보수성을 지녔다면 지구력은 하고 싶거나 해야 할 것을 즐기는 진보성과 연결된다.

셋. 인내력에는 관습을 지켜내려는 한계성과 경직성이 존재하지만 지구력에는 관습의 궤도를 뚫는 무한성과 유연성이 존재한다.

넷. 인내력은 이성의 논리를 우선하니 강하나 부러지기 쉽고 지구력은 감성의 논리를 우선하니 탄력이 존재한다. 예술이나 철학이 인내력보다는 지구력에 의해 깊어지는 이유가 여기에 있다.

다섯. 인내력은 직선적 개념이고 밧줄이나 쇠사슬의 인장력에 비유한다면 지구력은 곡선적 개념이고 오뚜기나 용수철의 복구력에 비유된다.

여섯. 인내력은 물질이나 직위의 탐욕을 위해 사용되기도 하지만 지구력은 그 어떤 탐욕과도 어울리지 않는 인간만의 창조적 힘이다.

일곱. 인내력은 건강을 위해서 등산을 해야 한다는 인위적 개념이라면 지구력은 산이 좋아 등산을 하다 보니 건강해졌다는 자연적 개념이다. 그러므로 인내력이 강한 얼굴에는 진지한 모습이 나타나고 지구력이 좋은 얼굴에는 항상 밝고 정겨운 모습이 나타난다.

여덟. 인내력에 의한 공부는 암기위주이기에 '왜' 하고 있는지를 모르고 개인적 출세에 초점이 맞추어져 있다면, 지구력에 의한 공부는 사색위주이기에 '왜' 해야 하는지를 알고 개인과 사회의 행복에 초점이 맞추어져 있다.

아홉. 인내력이 구인문의 중심에 뿌리 깊게 박혀 있었던 이유는 그 시대의 서민들의 최대과제가 생존과 출세에 있었고 지구력이 신인문의 중심에 뿌리 깊게 박혀야 하는 이유는 오늘날 서민들의 최대과제는 사랑과 나눔이기 때문이다.

참다운 삶을 위해서는 인내력과 지구력은 둘 다 반드시 필요하다. 그러나 인내력보다 지구력을 우선하는 삶으로 향해야 한다. 인내력에 한계가 오면 더 큰 좌절과 증오가 닥칠 수 있고 그것이 앙갚음으로 돌변하는 사회갈등의 인자가 내재되어 있지만, 지구력은 한계가 와도 밝은 마음으로 주위를 끝까지 사랑하고 용서하는 화합의 인자가 있어 사회적 안정이 유지되기 때문이다. 신정치의 논리와 명쾌하게 일치한다.

008
융통성과 변통성을
구분할 줄 알아야

1. 올라가지 못할 나무는 쳐다보지도 마라.

2. 인생은 공수래 공수거다.

3. 꿈과 현실을 구분하라.

4. 돌다리도 두들기며 건너라.

5. 왕대밭에 왕대난다.

6. 만들어진 길로 가라.

7. 가지 많은 나무 바람 잘 날 없다.

8. 굶주려 본 자야말로 빵맛을 안다.

9. 결과로 말하라.

10. 빈 수레가 요란하다.

11. 약속은 반드시 지켜야 한다.

12. 모르는 것이 약이다.

1. 열 번 찍어 안 넘어가는 나무 없다.

2. 호랑이는 죽어 가죽을 남긴다.

3. 꿈은 반드시 이루어진다.

4. 과도한 신중은 기회를 잃는다.

5. 개천에서 용 난다.

6. 새로운 길을 개척하라.

7. 뿌리가 깊어야 가지도 무성하다.

8. 인간은 빵만으로 살 수 없다.

9. 시작이 반이다.

10. 채우려면 비워라.

11. 잘못된 약속은 가능한 한 빨리 파기해야 한다.

12. 아는 것이 힘이다.

윗글과 아랫글은 서로 상반된 내용의 글이지만 둘 다 이치에 맞는 말이다. 이렇게 이치에 맞지만 상반된 속담이나 격언들이 우리 삶속에 깊이 연결되어 있는 이유는 뭘까? 주어진 상황에 따라 알맞게 양자택일하며 살아야 한다는 의미다.

이와 같이 상반된 두 가지 시각을 지혜로운 삶과 사회화합을 만들어 내기 위해 양자택일 하는 인성을 융통성이라 하고 자신의 명예와 물질축적을 위해 양자택일 하는 인성을 변통성이라 한다.

아무리 마당발이라도 자신의 명예와 이득을 위해서만 친분을 맺고 있다면 융통성보다 변통성이 많은 자다.

신정치인은 훌륭한 융통성을 가져야 하고 변통성을 융통성으로 믿고 있는 구정치인과 달라야 한다.

009
중용의 핵심이 되는 신개념

　선악과 신과 귀신 그리고 진실과 거짓을 구분시켜 놓고 선과 신과 진실만을 선별하여 참된 인간세상을 완성시키려 했던 구인문의 흐름 속에도 이를 경계하며 또 다른 인간세상을 바라보는 인문이 있었다.

　전자는 이분법적 극단주의 이념으로 힘과 승패에만 매달리며 역사의 큰 물줄기를 이루게 되었지만 후자는 극단의 양쪽을 붙들고 화합과 조합으로 연결하려는 열정에 온몸을 떨며 그 명맥만을 겨우 이어왔다.

　전자는 구인문의 대세요, 현실속의 승리자였지만 후자는 극소수 현인들만의 아우성이요, 이상일 뿐이었다.

　바로 중용이다.

　중용은 누구나 원하고 바라는 삶의 가치였기에 가정과 정치 그 어디에도 타당한 철학의 영역이지만 '실체적 운용'에 돌입되면 일부지식인이나 대중들에게는 양다리 걸치는 이중철학으로 곡해되는 측면도 있다.

　특히 설득력이 부족한 중용주의자는 선을 명확히 그어대며 양자택일을 다그치는 자들 앞에서 용맹 없는 겁쟁이로 오해받기가 일쑤였다.

중용철학을 섣불리 외치는 자는 박쥐로 비판받으며 양쪽으로부터 협공을 받고 무수히 쓰러져 갔다. 현실정치에 잠시 머물렀던 공자도 그중 한 사람일 뿐이다. 이와 같이 자신과 가정의 행복을 함께 만족시키고 권력욕과 국민사랑을 하나로 만들어야 하며 직위욕을 가지고 있으면서 물질탐욕을 버려야 하는 중용은 두 마리 토끼를 잡는 양면철학이었다. 중용철학의 내공을 아무리 깊이 쌓은 자라도 대중에게는 설득의 문제가 도사리고 있으며 내공이 부족한 지도자가 중용을 현실제도에 서둘러 적용하면 더 큰 문제와 부작용이 발생한다.

죽이 필요하면 죽이 되고 밥이 필요하면 밥이 되는 솥이 중용이라지만 그 솥을 잘 다루는 능력이 없으면 죽도 밥도 아닌 엉망진창이 된다.

좋기는 한없이 좋지만 잘못 다루면 본질이 변질되어 오히려 위험천만한 사태에 직면한다.

그러므로 대중에게 중용을 쉽게 말하는 것은 원시인에게 매뉴얼이 없는 고급 승용차를 선물해 주며 잘 사용하라고 말하는 것과 같다.

모든 사람들이 느끼고 원하나 그 행함이 어렵다는 것이다.

선악과 신과 귀신 그리고 진실과 거짓을 명쾌하게 구분하여 선을 긋는 흑백주의자들과 그러한 '경계 짓기'보다는 양쪽을 놓치지 않고 바라보며 타당과 비타당만을 철저하게 구분하는 중용주의자의 삶의 가치관은 너무도 달랐다.

전자는 다수요, 후자는 소수이니 중용의 정치를 행하기가 어려웠다.

그러나 중용의 정치가 숙성되기 위해서는 그것보다도 더 선행되어야 하는 새로운 개념이 있다. 왕권시대에는 어느 누구도 함부로 말하지 못했던 사유재산의 타당성 문제다.

왕이라고 해서 백성의 평균재산의 수백 배 또는 수천 배가 넘는 재산을 소유한다는 자체가 매우 타당하지 않기에 이미 중용에 어긋난다는 것이다.

세자로 책봉되면 권위주의의 관습에 따라 제대로 뛰며 놀지도 못하게 하고 머리에 관을 써야 하며 궁궐에서만 살아야 하는 것 또한 서민의 삶을 이해하고 꿰뚫어 볼 수가 없으니 타당치 못한 생활방식이다.

훌륭한 왕이 즉위해도 오랫동안 중용에 모순되는 엄청난 사유재산과 생활습관이 몸에 배어 정치를 할 수밖에 없기에 왕권주의는 결국 무너져 내린 것이다. 그러나 오늘날에도 중용의 신개념을 비웃기라도 하듯 갑부들이 정치를 하려고 모여든다.

그들은 스스로가 이미 중용정치를 하기 어려운 여건과 환경을 만들어 놓은 후 훌륭한 정치를 하겠다고 외치는 꼴이다. 중용의 핵심적인 신개념을 모르는 자가 어찌 타당한 정치를 하겠는가?

010

신정치인이 품어야 할 '중용심'

어제 통닭을 시켜 셋이서(집사람과 딸) 함께 맛있게 먹었다. 그리고 다음날 회사에 출근하려고 일어나니 닭다리 하나가 남아 있었다. 통닭을 너무 좋아하다보니 바로 먹고 싶었지만 식성이 나를 빼닮은 딸이 혹시 섭섭해 할까 봐 잠자는 딸에게 묻는다. '공주야, 닭다리 하나 남았는데 너 먹을 거지?' 그런데 '응, 놔둬요. 아빠 고마워요.'가 아니라 '아빤 어제 그렇게 많이 먹고 또 먹으려고 그래?'라고 말한다. 그래서 '혹시나 안 먹고 버릴까 봐 그래.'라고 쓸데없는 말을 해버렸다. 딸은 연이어서 '식어도 먹으니 걱정을 마세요.'라고 말한다. 순간 뒤통수가 찌릿했다. 그리고 '키워 준 아빠에게 어째 저런 말을 할 수가 있을까?'라는 섭섭함도 엄습했다. 닭다리 하나에 딸을 키우며 노심초사했던 순간들이 파노라마처럼 지나간다. '생각해서 묻는데 그런 식으로 말하니?'라고 말하고 싶지만 아침부터 분위기가 이상해질까 봐 '그래 알았어.'라고 간단히 말하고 출근길에 오른다. 전철 안에서 별 생각이 다 든다. 그러나 찬찬히 정리해 본다. 내 입장에서 할 수도 있는 말이지만 딸 입장에서는 오해 살만 한 말일 수도 있다. 그리고 딸은 나보다 부족함이 많다. 어쩌면 그런 말투 또한 나의 책임도 있다. 닭다리 때문에 아침분위기를 망친다면 매우 어리석은 일이다. 시냇물이 강물이 되듯 조그마한 마음의 상처가 쌓여 서로 등지고 급기야는 미움이 탄생되고 사랑이 파괴된다. 그리고 가족의 화합도 사라진다. 딸에게 느끼는 섭섭함은 서서히 시간을 두고 설득해 나가거나 깨우칠 때까지 기다리는 것이 삶의 지혜라고 결론을 내린다. 신정치도 별거 아니다. 정치는 반드시 상대가 존재하고, 이러한 정치구조에서 효율적으로 일을 해나가기 위한 첫째 조건이 있다. 서로 믿음과 사랑이 조성되어야 한다. 이를 위해 가장 근본적 금기사항이 있다. 감정이 앞서면 안 된다는 것이다. 우유부단한 자라고 놀려대거나 바보취급을 당해도 감정을 분출하면 안 된다. 우유부단하지 않고 바보도 아닌 것을 스스로 확신하고 있으면 되는 것이 아닌가?(물론 감정이 아닌 감성으로 느껴지는 분노까지 금기하는 것은 아니다.) 감정이 앞서면 믿음과 사랑에 균열이 시작되며 논리를 중요히 여기지 못하여 불통이 되고 결국 정치는 사망한다. 그러기에 정치인은 감정이 솟아오르면 누그러질 때까지 가능한 한 말을 아껴야 한다. 수준이 낮은 야당은 여당을 감정으로 흔들어서 지도력을 잃게 하여 정권을 잡으려 하고, 수준이 낮은 여당은 권력을 사용하여 야당을 골탕 먹이기에 바쁘다. 서로 감정의 골이 깊게 파여 소통의 정치가 실종되는 이유다. 바로 구정치인들의 행태다. 감정의 날을 세워서 상대의 급소를 찌르는 기술이 정치력이라고 믿고 있고 지지자들은 환호한다. 감정을 앞세우는 야당이 존재하는 것은 수준 낮은 여당 때문이고 힘으로 밀어붙이는 여당이 존재하는 것은 수준 낮은 야당 때문인 사실을 모르고 상대를 헐뜯기만 한다.

어떤 이들은 '무슨 성인도 아니고 어떻게 그렇게 참고 견딜 수가 있나.

정치경험도 없이 함부로 지껄이네.'라고 비웃을 것이다. 그러나 정치인에게 이러한 기본적 품성이 없으면 아무리 개혁과 진정성을 외쳐도 근본적인 소통부터 차단되고 결국 서로에게 삿대질만 하는 정치로 종결되며 국민도 정치인들에게 삿대질을 하게 되는 것이다. 국민을 위한 정치를 하기 위해서는 '오로지 그 길 밖에는 답이 없다'는 것이다.

정치인은 아무리 하잘 것 없는 상대가 나에게 속쓰리는 말을 퍼부어도 그러한 욕설이 나의 자존심만 건드릴 뿐, 사회에 해가 되지 않는다면 얼마든지 여유롭게 들을 수 있는 큰 그릇을 가져야 한다. 그 어떤 수모를 당해도 나의 잘못이 아닌 이상 절대로 여유로움을 잃지 않아야만 자신의 진정성을 계속 유지할 수가 있다.

이러한 진정성을 유지하는 정치인만이 난국의 정치상황도 설득력으로 풀어갈 수가 있다. 이처럼 정치인의 품성은 너무나 중요하다.

그 품성은 따뜻한 방에서 열심히 책을 읽고 깨끗한 환경과 좋은 스승 밑에서 배워야 싹이 트지만 숙성되지는 않는다. 추운 겨울이 되면 손가락이 갈라지고 더운 여름이 되면 쉴 새 없이 땀이 쏟아지는 시장바닥이나 노동현장에서 수년간 '마음의 채'를 들고 잘 걸러내어 깨우쳐야만 숙성된다. 악조건의 체험이 깊고 다양한 사람일수록 '중용심'이 더 깊게 우러나온다.

가정이든, 사회든, 정치든 열을 잘 받고 감정에 휘둘려 막말을 자주하는 이들이 리더로서의 역할을 하면 그 가정과 사회 그리고 정치는 파괴될 수밖에 없다. 어떤 난국에서도 서로 헐뜯거나 무시하지 않고 국민을 위한 진정한 대화정치를 가능하게 하는 것은 정치인들의 지식과 전문성 이전에 품성인 것이다.

바로 신정치인이 품어야 할 '중용심'이다.

011
중용의 언어

정치토론이나 토크를 보면 말을 잘하는 사람들이 많다. 그들은 국민의 정치의식을 끌어올리려는 노력보다는 말재주로 경쟁하고 있는 듯하다. 그들이 직접 정치에 나선다면 참 잘할 것처럼 목청을 높이기도 한다. 정치는 논리에 맞아야 하고 그들 또한 매우 논리적이라는 사실에는 이의가 없다. 그러나 문제가 많다. 그들은 탁상에서 지식만으로 짜낸 논리만으로 정치를 말하고 있기 때문이다. 정치논리는 융합논리다. 머리에서 가슴까지 여과시킨 융합논리이어야만 감동과 설득이 따른다. 생계체험을 죽도록 다양하게 경험하고 탁상공부를 겸해야만 융합논리가 스며든다. 융합논리는 머리와 가슴의 논리를 균형 있게 조합시킨 논리이기에 이를 받쳐 줄 용어를 공중의 밧줄 타듯 끄집어 내야 하므로 너무나 조심스럽다. 속사포처럼 말하기가 어렵다. 때로는 대중들에게는 어눌하게 느껴진다. 그러나 정치토론자들은 말을 잘못하는 자로 인식될까 두려워 단면논리로 토론의 승부를 거는 것이다. 융합논리로 말하는 토론자가 나오면 시청자나 다른 토론자들은 '간단하고 빤한 말을 왜 그리 뜸을 들이는지 알 수가 없고 답답하네.'라고 느끼는 경우가 있다. 그러므로 융합논리적 정치토론은 인문이나 철학강의처럼 시청률이 떨어진다. 시청률을 올리기 위해서는 말을 간략하고 빠르게 하여 박진감이 넘쳐야 한다. 정치토론을 드라마처럼 만들어야 하니 정치지식위주의 토론이 될 가능성이 농후한 것이다. 이미 국민을 위한 정치토론이기보다는 토론자를 위하는 것이기에 시청자에게 혼선과 감정만 안겨주는 토론으로 변질될 가능성이 크다. 청산유수형 토론자나 강연자들에게 기교는 배워도 정치와 삶을 배울 수 없다.

그러므로 신정치인은 대화위주의 토론(융합적 토론)은 자주 해야 하지만 기존의 정치토론에는 함부로 나서지 말아야 한다. 그리고 청산유수형 정치인은 신정치인이 되기에는 가슴이 부족하다. 말이 빠른 정치인 중에 유명한 정치인은 있어도 훌륭한 정치인이 없는 이유다. 신정치인은 눈빛과 표정 그리고 강약과 고저 그리고 속도를 잘 조절하여 여유롭게 말해야 한다. 그래야만 중용의 언어가 나온다.

012
'진화'란 중용을 향한 생사의 몸부림

대자연 속은 중용으로 가득 차 있다. 이름 모를 벌레나 잡초에도 가을 산에 홀로 핀 야생국화의 자태에도 산새나 짐승들의 모습과 소리에도 그 영역이나 환경에서 가장 어울리는 중용이 드리워져 있다.

'진화'란 중용을 향한 생사의 몸부림이기 때문이다. 인간사회 또한 중용으로 깔려 있다. 우리의 마음을 감동시키는 훌륭한 시나 소설 속에도(문학) 대히트곡이나 명연기 그리고 멋진 도자기나 그림 속에도(예술) 의류나 신발 그리고 자동차의 디자인과 색의 배합 그리고 강하고 질긴 합금강이나 질기고 가벼운 섬유에도(경제) 그리고 체조선수나 무용수의 멋지고 아름다운 몸매에도(스포츠) 중용이 스며 있다.

그러므로 자연의 이치와 인간이 창조한 찬란한 문화와 문명을 깊이 인식하여 배우려하지 않는 자는 중용을 깨우칠 수가 없으니 실천할 수도 없다.

이와 같이 문학, 예술, 경제, 스포츠 그리고 자연 속에는 중용의 논리가 도처에 깔려 있지만, 정작 중용이 간절히 요구되는 정치나 종교에는 중용이 자리할 틈이 없다.

여기에는 3 가지 이유가 있다.

첫째. 다른 분야에는 상생과 원원의 개념을 가진데 반해 정치나 종교는 일방적 우월주의에 파묻혀 있다.

둘째. 다른 분야에는 자유와 평등을 중시하는 의식으로 발전했지만 정치나 종교는 권위주의나 신비주의에서 벗어나지 못하고 있다.

셋째. 다른 분야에 비해 정치나 종교는 이념에 너무나 집착하고 있다. 이념은 화합의 개념보다는 '경계 짓기' 개념이 강하다.

통합과 화해의 개념이 아니기에 상대의 이념을 사랑할 수가 없다.

상대이념의 단점만을 낱낱이 파헤쳐 집요하게 공략해야만 이념 동조세력에게 찬사를 받고 이념적 리더로 성장할 수 있는 심각한 문제를 안고 있다. 상대이념의 장점을 조금이라도 발설하면 사이비나 박쥐로 소문나 그 이념조직에서 철저히 배제된다. 이러한 이념의 경직성은 강성지도자만 살아남는 시스템이 되어 양보보다 투쟁을 우선하니 중용의 지도자를 기대할 수가 없다.

중용도 이념을 중시한다. 그러나 결코 빠져들지는 않는다.

사랑과 집착의 차이와 같다.

013
체험을 가장 중시하는 중용

머리와 어깨와 발 위로 자유로이 공을 옮기는 축구선수를 보라. 공의 중심을 잡아내는 탁월한 유연성에 감탄하지 않을 수 없다. 이러한 묘기는 공의 중심이동에 대한 다양한 훈련과 피나는 체험을 통해 가능하게 된다. 그리고 숙련도가 높아질수록 공을 다루는 몸짓은 멋과 아름다움으로 승화되기도 한다. 몸짓 하나하나마다 연결되어 있는 강렬한 카리스마와 섬세한 배려의 조화야말로 보는 이로 하여금 찬사를 자아내게 한다.

그리고 이러한 묘기를 바라보는 사람들의 마음을 즐겁게 하여 모두를 한마음으로 만든다. 한마디로 갈등과 분열이라는 용어는 생각조차 할 수 없다. 이러한 묘기는 선악과 신과 귀신과 진실과 거짓 그리고 영혼과 육체라는 이분법적 개념을 초월하여 멋과 아름다움을 빚어낸다.

이와 같이 중심잡기 힘든 대상을 붙들지 않고 자신의 몸에 올려 자유롭게 중심을 잡는 일은 매우 어려운 일이다. 만일 중심을 잡아야하는 대상이 공이 아니라 인간의 영혼과 직결된 것이라면 더욱 더 난해한 일이다.

그렇다. 중용이란 바로 이런 것이다. 인간의 영혼을 어느 한 방향으로 붙들어 매

고 안정을 유지시키려는 부분적 논리가 이념이라면 인간의 영혼들을 붙들지 않고 자유와 평화를 창조하려는 총체적 논리가 바로 중용이다. 그 어떤 분야라 할지라 도 진정한 사랑과 투혼을 가지고 다양한 사색과 체험을 다지고 또 다져 어느 경지 에 이르면 누구나 중용의 위치에 도달한다는 것이다.

축구 얘기를 한번 더 해 보자.

수준이 높은 축구경기에서는 수비수가 공격에 가담하고 공격수가 수비 를 하는 광경을 자주 볼 수 있다. 그러나 수준이 낮은 축구경기에서는 좀 처럼 보기 드물다. 이와 같이 수준이 낮은 축구감독일수록 공수의 경계를 뚜렷하게 구분하여 훈련시키는 반면, 수준이 높은 감독은 그 경계를 허물 고 공수양면을 구사하는 축구경기를 선보이며 찬사를 받는다.

공수를 함께 구사하는 선수들의 영역이 넓을수록 흥미를 더해 가고 관 중은 환호한다.

이렇게 수준이 높은 축구를 선보이는 훌륭한 감독이야말로 중용적 리더이며 뼈 를 깎는 선수생활을 거친 자들 중에서 가장 많이 배출된다.

중용을 터득하는 길은 사색과 지식암기도 중요하지만 실체적이고 다양한 체험이 필요하다.

014
중용적 정치리더들을
볼 수 없는 이유

오늘날의 정당은 이념(진보와 보수)을 가장 앞세우고 있다. 이와 같이 예술 문화 스포츠 분야는 중용을 중시하는데 비해 정치만은 중용보다 이념에 집착하는 이유는 뭘까? 그리고 이 지구상에 아직도 극단적이고 원리주의적 이념이 판치는 이유는 뭘까? 그것은 너무나 간명하다.

타당성의 비율을 중시하는 중용의 난해함보다는 양자택일을 권하는 이념의 단순함으로 접근하는 것이 대중적 공감대를 쉽게 얻어 권력을 잡을 수 있기 때문이다. 그리고 사색이나 다양한 체험주의를 멀리하고 암기위주의 지식에 치중하고 있는 오늘날의 교육도 한몫을 하고 있다.

이러한 교육을 받은 대중들은 중용의 가치를 깊이 깨우칠 수가 없어 흑백논리나 양자택일의 리더십을 사용하는 정치인을 지지함으로서 이념적 정치지도자를 만들게 된다는 것이다.

이러한 이념위주의 정치지도자는 자신과 동조세력을 위해 국민의 분열과 갈등을 끊임없이 창출해야 하기에 결코 국민을 위한 정치를 할 수 없다.

더더욱 심각한 문제가 있다. 이념적 정치무대에서 중용적 정치리더는 맥을 출 수가 없다는 것이다.

엄청난 세월동안 체험적 내공을 쌓아야 하는 중용 그 자체도 힘들지만 이념주의자들의 집요한 양자택일의 공략에 비겁자로 내몰리기 일쑤다. 그 것은 마치 외래어종인 베스가 토종물고기들을 닥치는 대로 먹어치워 멸종 되는 이치와 같다.

결국 극소수의 중용적 리더까지 정치무대를 떠나게 되고(그것이 중용의 이치이기에) 이념적 정치인들만 국민의 행복을 외치며 정치무대를 가득 채우게 된다. 그리고 중용의 가치를 알고 있는 대중들은 정치에 실망하여 무심하고 이념에 물든 대중들은 정치단체(정당이나 각종 사회단체)에 적 극적으로 참여하게 되니 정치무대는 더더욱 이념적 리더만 득실거릴 수밖 에 없고 갈등과 분열의 정치를 벗어날 수가 없다.

이와 같이 이념정당이 득세하는 국가는 중용적 리더를 길러내는 시스템 자체가 망가져 있기에 아무리 유능한 정치신인이라도 그 이념정당에 들어가면 훌륭한 정치 리더로 성장할 수가 없어 국민에게 존경과 신뢰와 사랑을 받는 정치지도자를 탄생 시킬 수가 없다.

정당이 이념보다 철학을 중시해야 하는 이유다.

015
중용의 유연성과 이념의 경직성

정치 종교 사회분야야말로 중용의 시대가 도래되어야 하지만 이념적 리더가 득세하니 중용적 리더는 발붙일 곳이 없다.

정치분야의 예를 들어보자. 성장과 분배로 기싸움을 벌이는 곳에서 성장과 분배의 리듬이론이나 조합이론을 제기하면 양쪽으로부터 환영보다 조롱만 받는 정치패러다임이다.

이념적 리더들은 자신의 이념만으로 국민의 행복을 완성시키겠다는 어리석은 집념으로 가득하다. 마치 오른발만 가지고도 신기에 가까운 축구선수가 되겠다는 것과 같고 수비수와 공격수로 반듯하게 나누어서 수준 높은 축구를 구사하겠다는 축구감독의 오기와 같다.

더욱 심각한 것은 그 이념을 신봉하는 세력들의 이념경직성과 이념결벽성에 있다. 마치 자신이 좋아하는 선수의 오른발 묘기만을 보려 하고 왼발을 가끔씩만 사용해도 거부반응을 일으키거나 '사용치 마라'고 성화를 부리는 지지자들과 다름이 없고 탁월한 수비수가 상황에 따라 잠시 공격에 가담하면 가차 없이 '그런 편법행동을 하지 마라'고 으름장을 놓는 축구감독과 다를 바 없다.

보수지도자는 그 어떤 진보정책에도 거부하며 순도 100%의 보수정책만을 외칠 수밖에 없고 종교지도자가 다른 이념을 가진 종교를 이단이라 강력히 외쳐댈 수밖에 없는 핵심적 이유는 이념적 리더 자신의 문제도 있지만 지지자들의 암묵적 압박이 더 두렵기 때문이다.

진보라고 해서 영원한 진보정책만으로 정치를 바라보거나 보수가 싫어서 진보를 택하는 경직된 지지자들의 이념집착에 변화의 여백을 만들어 주지 않는 한 끝없는 반목과 증오로 점철된 인문(정치 종교 사회)만 존재할 것이다.

흑백으로 경계 짓는 이념적 분위기가 국민정서로 굳혀진 상황에서는 중용의 리더십은 양쪽으로부터 손가락질만 받게 되어 있고 그 국가의 인문수준은 더 이상 발전해 나갈 수 없다.

중용적 리더는 운전기사와 같다. 자동차를 운전하려면 가속할 때와 서행할 때와 정지할 때가 있으며 그때마다 가속페달과 브레이크를 유효적절하게 사용해야 한다. 단지 가속페달과 브레이크 중에 어느 것을 더 즐겨 사용하는 운전기사냐에 따라 안전운행 위주의 보수적 기사냐 속도위주의 진보적 기사냐의 차이가 날 뿐이다.

이와 같이 정치 종교 사회를 이끄는 리더들은 이념에만 매달려 있는 방울이 되어서는 안 되며 이념들을 적절히 선별해 구워 내는 후라이팬이 되어야 한다.

흑과 백이라는 명암을 가장 타당하고 균형 있게 연결시켜 멋지고 아름다운 그림을 만들어 그 예술성을 보여 주는 화가처럼, 중용적 리더는 삶의 가치를 흑백으로 나누어 쪼개는 것이 아니라 흑백을 이용하여 누구나 감동할 수 있는 조화로운 삶의 그림을 만들어 낸다.

단지 흑백 중에 어느 색을 더 많이 사용하느냐에 따라 이념(진보 또는 보수)이 좌우될 뿐, 중용으로 나아가는 길은 한 방향으로 수렴한다.

노트

- -

- -

- -

- -

- -

- -

- -

- -

- -

- -

016
중용의 향기

중용이야말로 체험적 학문이다.

삶의 체험이 부족한 자는 중용철학의 의미를 깊이 깨달을 수 없다. 그 체험의 방향 또한 중용적이어야 한다. 물질탐욕을 따라다니는 체험이 아닌 각계각층의 인간성을 섭렵하는 체험이고 특히 빈민층의 생활체험이 가장 큰 학문적 깨우침을 준다.

중용을 터득한 자는 다음과 같은 12가지 향기가 난다.

첫째. 필요이상의 재산을 모으려 하지 않는다. 갑부가 되는 것은 양심과 정의 이전에 물질의 평등이라는 중용의 법칙 제1항에 어긋나기 때문이다. 잠자리가 편안하고 맛있게 먹을 수 있고 빚이 없는 서민수준에 만족한다.

그 이상 축적하면 타당치 못해 스스로 거추장스럽게 느껴져 의미 있는 나눔을 위해 사색하지 않을 수가 없다. 갑부가 중용을 외친다는 것은 탐욕자가 진정한 나눔을 외치는 격이다.

둘째. 아는 것은 안다 하고 모르는 것은 모른다 하며 사람을 가리지 않고 대등한 인격으로 대한다. 그리고 모르는 것은 앎으로 깨우칠 때까지 부끄러워하지 않고 주변사람이나 스스로에게 끝없는 질문을 한다.

셋째. 상대방이 자존심을 건드리는 그 어떤 언행에도 휘말리지 않고 평상심을 유지한다. 그 평상심은 자제력이나 인내력에서 나오는 것이 아니라 포용력이나 지구력에서 나온다.

넷째. 이념이 달라 사이가 멀어진 양쪽으로부터 끝내는 수평적 존경심을 이끌어내기에 문제해결자로서의 탁월한 능력을 갖추고 있다. 어느 한쪽으로부터의 지지를 받는 자는 아무리 열광적 지지라도 중용철학에 위배되며 분열적 리더십으로 권력을 탐하는 자다.

다섯째. 상대방에게 타당과 비타당을 가리기 위해 분노하고 격노할 뿐 선악의 개념으로 증오하거나 저주하지 않는다. 죄는 엄하게 다스려도 인간은 결코 미워하지 않는다.

여섯째. 어떤 사안이 해결될 수 있는 사안인지 아닌지를 이미 꿰뚫고 있기에 해결되지 않는 사안에 시간을 허비하지 않고 가능한 한 무심한 편이며 해결될 수 있는 사안은 결연한 자세로 집중하여 사태를 해결하려 한다.

일곱째. 평상시에는 밝고 위트가 넘치며 편안한 모습이지만 비상시가 되면 날카롭고 냉정한 논리로 합리를 도출해 낸다.

여덟째. 비논리적인 것은 그것이 큰 가치를 가지고 있더라도 타협을 거부한다. 그 어떤 정의와 양심과 자유와 평화라도 논리적이지 못하면 받아들이지 않는다. 중용으로 혁명이 가능한 이유는 바로 여기에 있다.

아홉째. 리더로 나서는 것을 꺼려하고 평범한 삶을 더 중요시하지만 주변사람들의 지지가 열화와 같고 진정함으로 받아들여지면 기꺼이 리더로 나선다.

열 번째. 선과 악 그리고 신과 귀신 그리고 진실과 거짓이라는 적대적 개념을 멀리하고 오로지 논리의 대소와 우선순위 그리고 그 연결성과 균형성을 끝없이 찾아다닌다.

열한 번째. 특이한 복장과 외모로 관심을 끌려하지 않는다. 중용의 모습은 자연이기에 자연스러울 수밖에 없다.

열두 번째. 네 탓을 멀리하고 항상 내 탓을 가까이 하기에 중용적 정치 리더는 권력의지가 없는 것으로 오해받을 수밖에 없다.

이 세상에서 가장 비양심적이고 추한 지식인은 중용을 행하기는 꺼리면서 중용을 말하거나 가르치려는 열정에 차 있는 자임을 명심하라.

017

소크라테스와 중용

인간은 누구나 행복해지기를 원한다. 어떻게 살아가면 행복할까?

부자? 사회적 지위? 권력? 학력? 잘 생긴 외모?

'결코 그렇지 않다'는 것부터 깨우쳐야 행복의 문고리라도 잡을 수가 있음을 반드시 기억해야 한다.

행복해지는 방법은 너무나도 간명하다. 주위로부터 칭찬이나 사랑을 받는 것이다.

냉소를 받거나 미움을 사고 있다는 것을 알게 되면 스트레스를 받아 건강을 해치며 불행 속으로 빠져든다. 홀로 살아갈 수는 없지 않는가?

그렇다면 주위로부터 칭찬받고 사랑받기 위해서는 어떤 삶이 필요할까? 바로 '나 자신을 아는 것'이다.

내가 누구이며 어떤 사람인가를 꿰뚫어 볼 수 있어야 한다. 그 속에 진정한 성공과 행복의 삶이 녹아 있기 때문이다. 그렇다면 나 자신의 내면을 알 수 있는 방법이 있을까?

조용히 그리고 차분하게 생각해 보자. 나의 육신과 영혼은 어디에서 나왔는가? 바로 대자연의 산물이다.

내 몸 속의 모든 원리는 대자연의 이치로부터 한 치의 오차도 없이 숙성되고 다시 조합되어 만들어졌고 그 몸을 어떻게 갈고 닦느냐에 따라 영혼의 모습이 나타난다.

그러므로 그대가 행복해지기 위한 첫걸음은 대자연의 이치를 공부하고 사색하는 것이다. 이를 위해 수학이나 의학 그리고 인류학이나 생물학에 취미를 가져야 한다.

그것이 힘들면 주말마다 여행이나 산행을 하면서 건강을 유지함과 동시에 자연을 관조하는 습관을 반드시 길러야 한다. 그리고 두 번째 걸음이 있다. 바로 인간사회의 이치를 깨닫는 것이다. 이를 위해 인문학이나 사회학에 취미를 가져야 한다.

그것이 힘들면 규칙적인 글쓰기와 주변 사람들의 마음을 훑어보는 습관을 반드시 길러야한다. 만일 '난 저 친구 마음을 도저히 이해 할 수가 없어.'라고 하소연하는 자라면 분명 자신부터 잘 모르는 자라는 것이다.

주변사람들의 마음을 알아내는 방법은 너무나 간명하다. 가능한 한 깊고 폭넓은 대화를 가지려 하는 자세와 습관을 길러야 한다. 이러한 가운데 자신을 서서히 알게 되는 것이다.

여기서 눈여겨봐야 할 중요한 대목이 있다. 대자연은 모두 중용의 이치로 이루어져 있으며, 대자연에 의해 탄생된 인간의 육신과 영혼 또한 중용의 이치를 벗어날 수가 없으며, 남을 아는 이치도 중용의 이치를 깨우쳐야 가능하다는 사실이다.

고로 나를 안다는 것은 중용의 이치를 터득하여 주변사람들과의 소통이 매우 탁월해졌다는 것을 의미한다. 행복하지 않을 수가 없는 것이다.

소크라테스는 행복을 위해 자신부터 알아야 한다고 외쳤고, 그것은 곧 중용을 외쳤던 것이다.

행복은 행운처럼 그냥 다가오지 않는다. 끝없는 사색과 체험을 통해 자연과 인간을 공부하여 자신의 본성을 멋지고 아름답게 갈고닦는 이성이 완숙된 자에게만 도둑처럼 다가온다.

자신을 잘 모르는 자가 행복을 갈구하는 것은 리더십이 결핍된 자가 높은 직위를 바라는 것처럼 참으로 우매한 짓이며 불행의 올가미에 걸려들 수밖에 없다.

육신과 영혼이 하나가 되어 중용의 품속에 잠길 때 비로소 나를 알게 되고 행복 속에 잠긴다.

인간이 만들어 놓은 가장 훌륭한 명언은 바로 '너 자신을 알라'이며 인간이 만들어 놓은 가장 위대한 논리는 바로 '중용'인 것이다.

물은 곧 중용

첫째. 물은 평상시에 부드럽고 비상시에 강하고 엄하다. 정치는 매우 부드럽고 위트가 있어야 하는 것이다. 그러나 비상시가 되면 강약과 냉철함을 보여 주는 것이다.

둘째. 물은 맑을수록 그 가치를 더 한다. 정치 역시 맑을수록 국민에게 행복을 준다. 탁한 물은 건강을 해치듯 탁한 정치는 세상을 더럽힌다.

셋째. 물은 은은할 뿐 화려하지 않다. 정치의 핵심은 소통이며 이를 위해 서민적이어야 한다. 화려한 저택과 값비싼 골동품을 즐기는 정치인치고 올바른 정치인은 없다.

넷째. 물은 모든 것을 깨끗하게 닦아 주며 고귀하나 스스로는 고귀함을 거부하고 진부함을 택한다. 정치란 국민의 품격을 높이는데 최선을 다하는 것이지만 정치인은 스스로를 고귀하다고 생각해서는 안 된다.

다섯째. 물은 평상시에는 중요한지를 잘 모른다. 그러나 비상시가 되면 그 가치가 나타난다. 태평성대의 정치는 있는지 없는지도 모를 만큼 조용하지만 국가의 위기가 오면 정치만이 그 위기를 해결할 수 있다.

여섯째. 물은 자신이 싫어하는 물질이나 좋아하는 물질이나 가리지 않고 포용한다. 정치력이란 분열보다는 화합을 만드는 포용력이다. 훌륭한 정치인은 측근이든 정적이든 유능한 자이든 무능한 자이든 부자이든 가난한 자이든 선악과 애증과 선입관보다는 인간적인 배려와 타당성에 초점을 맞춘다.

일곱째. 물은 위에서 아래로만 흐르는 것 같지만 꼭 그렇지는 않다. 옹달샘처럼 차오르기도 한다. 자신이 가장 많이 알고 있다고 믿고 지시만을 내리는 정치를 즐기면 그 정치력이 오히려 약화된다는 것을 명심해야 한다. 참모나 대중들과 함께 얼마나 많은 대화나 토론을 했느냐에 따라 그 정치력이 더욱 차올라 온다.

여덟째. 물은 그릇의 모양대로 담긴다. 훌륭한 정치는 보수와 진보라는 정치이념의 저변에 변화무쌍한 중용철학이 폭넓게 깔려 있어야만 가능하다. 어느 이념에 더 비중을 두고 있느냐에 따라 진보와 보수로 갈라질 뿐 정책사안에 따라서는 진보와 보수를 넘나들 수밖에 없다. 정치이념(진보와 보수)과 정치철학(중용철학)은 직렬적 관계이며 둘 중에는 정치철학이 우선하기 때문이다.

아홉째. 물은 무색무취다. 진정한 정치는 그 어떤 색깔(이념)을 강하게 보이는 것이 아니다. 정치인은 오로지 국민에게 자신의 하얀 가슴(진정성과 서민성)을 가장 효율적으로 보여 주는데 최선을 다하면 된다.

열 번째. 물이 있는 곳은 반드시 동식물이 존재한다. 정치가 있는 곳은 반드시 인간이 존재한다. 두 사람 이상이 모인 곳이면 반드시 정치가 존재한다는 것이다. 그러므로 대중들은 물에 대한 애정과 관심만큼 정치에 대한 교육과 참여문화를 성숙시켜야만 인간다운 삶을 창조하는 사회를 만들 수가 있다.

물은 곧 중용이다.

노트

Section

05

신정치와 정치축제

001
신정치와 정치축제

신정치인들이라면 적어도 정치축제를 연상해야 한다.

정치가 생활 속에 스며들 수 있도록 일반인들과 서로 대화하고 소통하는 축제의 장을 열어야 된다. 인간사회에는 여러 가지 축제들이 즐비하지만 가장 아름답고 멋지며 가치 있는 축제가 바로 정치축제다. 국민의 신뢰가 가장 중요한 것이 정치이며 정치축제는 그 한가운데 있기 때문이다. 정치인들은 축제를 만들어 국민들에게 꿈과 희망을 듬뿍 안겨 주는 리더가 되어야 한다. 그러나 구정치인은 이러한 축제의 장을 열 수가 없다. 그들에게는 진정성이 없기 때문이다. 아니 진정성이 없기보다는 진정성의 의미와 가치를 이해하지 못하기 때문이다. 이렇게 진정성에 문제가 생겨 국민을 가까이 하지 못하는 원흉이 있다.

바로 그들의 특권이다.

혈세를 펑펑 써가며 즐기는 그들의 특권을 국민들이 알게 될까 두려운 것이다. 국민과 깊은 대화를 피하는 가장 큰 이유다. 소통을 외치는 자가 먼저 불통의 뿌리를 안고 있는 격이다. 이러니 무슨 정치가 올바르게 되겠는가?

덴마크 코페하겐에서 남동쪽에 보른호름섬이 있다. 제주도의 3분의 1정도의 크기다. 2017.6.15일 7번째 정치 축제가 열렸다.

총리와 의원들이 오고 분야의 전문가들도 와서 자유롭게 토론을 즐긴다. 정당이나 노조마다 자신들의 정책을 자랑하고 설득한다.

너무나 아름다운 정치를 그리고 있다. 스웨덴은 정치축제의 원조다. 1982년에 공식적으로 출발했다. 핀란드 노르웨이도 정치축제를 한다.

모두 진정한 행복을 논하는 선진국이다.

정치축제를 핵심공약으로 내는 정치지도자야말로 국민을 화합과 단결로 이끄는 신정치인이다.

002
어쨌든 모두 정치인들의 책임

국민은 정치인이 정치를 잘해서 행복한 국가가 되기를 원한다. 그러면서도 대다수의 국민은 매우 회의적이다. 술집에서 목에 핏대를 세우면 대부분 정치인들에 대한 욕설이다. 사실 오늘날 정치인의 정치인식으로는 행복한 나라건설은 불가능하다. 그리고 국민들은 정치를 신뢰할 수 없으니 신뢰할 곳을 찾다가 종교에 집착한다. 나라가 심하게 어지러울수록 사이비 종교가 번창하는 이유도 여기에 있다.

그런데 사실 국민들도 문제가 없는 것은 아니다. 부자는 더 부자가 되기 위해 혈안이 되어 있고 가난한 자는 국가가 무엇을 해 주기만을 바라는 습성에 젖어 있다. 책 읽기나 글쓰기는 뒤로하고 그저 재미있는 일만 찾고 돈 버는 쪽에만 몰두하니 점점 탐욕만 늘어나고 사색력은 턱없이 부족하다. 그러니 선거가 되면 또 잘못된 사람만 찍어 주고 뉴스를 보면서 정치인들에게 욕설만 퍼붓는다. 그리고 끝없는 반복이다. 국회의원 300명중에 올바르고 믿음직하며 진정성이 확실한 사람을 찾기가 드물 정도이니 국민의 판단력이 얼마나 부족한지를 알려 주는 증거다.

내가 현명하지 못하면서 정치인들이 현명해지기를 바라는 것은 내가 가장으로서의 역할에 충실하지 못하면서 가정의 행복만을 비는 격이기에 정치인에게 욕설을 퍼붓는 것은 스스로에게 퍼붓는 것이다. 바로 '누워서 침 뱉기.'이지만 국민들은 그것조차 모르고 있다. 모르고 있으니 더욱 욕설을 한다. 그리고 정치인들은 이렇게 속삭인다. '우리에게 욕설하는 당신들도 성공해서 정치를 하게 되면 나보다 더했으면 더했지 덜 하지는 않을걸.'하며 속으로 비웃고 있을 것이다. 물론 틀린 말은 아니다. 그러나 선후문제가 있다. 닭과 달걀의 문제이면서도 닭의 책임이 더 크다. 국민들을 탐욕의 세계로 빠져들게 한 장본인이 정치인이요, 국민의 의식수준을 떨어뜨리게 한 것도 역시 정치인이다. 정치인이 신뢰를 받으면 국민들은 그 뜻을 따르게 되어 있다.

그 신뢰의 바탕은 탐욕제거이며 그 탐욕제거의 첫단추가 바로 필요한만큼의 재산만으로 정치무대에 오르는 것이다. 그리고 그 재산이 정치무대에서 내려올 때까지 늘지 않는 것이다.

정치무대를 오를 때의 재산보다 떠날 때의 재산이 많아졌다면 어떤 이유를 막론하고 국민을 위한 정치를 하지 못했다고 확신하는 정치인만이 신정치인이다.

이처럼 첫단추부터 잘못 꿰어져 있으니 불신을 자처했고 그 불신은 그 어떤 해결책도 주지 않는다.

정치인들은 이러한 모순의 뿌리를 깨우치고 사회의 모든 상황이 자신들의 책임이라고 참회할 때 드디어 신정치의 길이 열린다.

003

바로 정치철학인 것이다

담배를 끊으면 건강문제가 간단하게 해결될 텐데 그게 쉽지 않다. 그리고 '뇌물을 먹거나 비리를 저지르는 일은 정말 옳지 않다'는 것은 누구나 다 알고 있는 일일 텐데 일류요, 지식인이라 자처하는 정치인들은 끊임없이 저지른다. 이처럼 옳지 못한 것은 알지만 일상에서 실천이 제대로 안 되는 것들이 너무나 많다. 상식적 잘못들인데도 유혹에 빠져들고 만다. 배운 자나 배우지 못한 자나 똑 같다. 배운 자일수록 더 교활한 잘못을 저지른다. 절대다수 인간들의 실상이다.

그러나 사회적 책임에 있어서는 일반인과 정치적 리더는 완전히 달라진다. 정치인이나 고위공직자가 어떤 유혹을 뿌리치지 못하는 국가라면 부패가 만연된 후진국을 벗어나지 못한다. 국민은 끝없이 고통스런 삶을 살아야 한다. 정말 깨끗하고 존경받는 리더가 되어 보겠다고 다짐하는 정치 신인으로 출발하지만 그 마음이 세월에 따라 유혹에 무너져 내리는 이유는 어디에 있을까? 단지 지식이나 의지만으로는 불가능하다는 증거다. 오늘날의 인성교육 또한 완벽한 해결책을 내놓지 못하고 있다. 그렇다면 어떤 방안이 최적일까? 바로 의지 이상의 그 무엇이 받쳐 주지 않는 한 정치인들은 썩어 들어갈 수밖에 없다.

정치를 하기 전부터 목숨과도 바꿀 수 없는 대의명분을 세워 놓고 마음속 깊이 보석처럼 품고 있는 정치인만이 끝까지 국민만을 바라볼 수가 있기에 썩지 않는다. 그러므로 어떤 유혹에도 헤쳐 나갈 수가 있고 개혁 또한 실천에 옮길 수가 있다.

바로 정치철학인 것이다.

철학은 '양심과 정의를 앞세우고 살아야만 행복해진다'는 논리를 수백 가지 모양으로 쪼개기도 하고 모으기도 해서 사색하고 검증하여 합당한 결론을 얻어내는 학문이기에 잘못된 것과 도저히 함께할 수 없는 대의명분을 확고하게 만들어 준다. 철학을 가진 자는 말의 뿌리와 줄기와 잎과 꽃의 정체성이 뚜렷하고 그 균형성이 명확하게 잡혀 있어 일관된 삶을 행복으로 확신하기에 그 어떤 유혹에도 흔들림이 없다.

그러므로 누구나 철학이 확고해지면 남의 도움이나 공짜를 바라는 마음이 그만큼 사라지듯 정치철학이 확고해질수록 다른 이의 도움을 받지 않고 스스로 성장해야 함을 이미 깨알같이 알고 있는 정치인이 된다. 도움을 받은 만큼 갚는 과정에서 비리와 청탁이 파생되고 정치를 시작할 때의 마음은 맥없이 허물어져 자신이 염원해 왔던 정치적 영혼이 오염될 수밖에 없다는 사실을 이미 터득하고 있는 것이다. 정치인의 정치철학은 바로 정치의 생명수인 것이다.

004

스스로 커야만 신정치인

곤충은 유충에서 성충으로 될 때 껍질을 벗는다.

벗는 과정을 보면 몸부림 그 자체다. 누구의 도움도 없이 스스로 나온다. 나르기 위한 혹독한 시련이다. 스스로 벗기지 못해 태어나자마자 생을 마쳐야 하는 곤충도 많다

자연의 가르침은 너무나 훌륭하다.

정치인이 되겠다고 굳게 다짐한 자는 탐욕의 껍질을 스스로 벗겨야만 정치무대를 훨훨 날아다닐 수 있는 자유를 얻는다는 의미다.

젊은 시절 사회나 국가에 대한 관심보다는 사업성공이나 유명세에만 집착하고 있다가 그 목표가 달성되면 권력자의 도움을 받아 정치무대를 밟으려는 자들은 스스로 탐욕의 껍질을 벗기지 못한 자다.

속세적 성공을 위해 수십 년 동안 영혼 속에 가득 담은 탐욕을 스스로 벗겨 내지도 못한 체 더 높은 개인적 명예를 몸에 담고 싶어 국민을 위한다는 명분으로 정치계의 유혹에 몸을 던진다.

이처럼 탐욕의 껍질을 스스로 벗기지 못했기에 정치 또한 승리의 개념

으로 풀어나가려 하니 서로 싸우고 욕설하며 뇌물과 비리에 걸려 든다.

정치무대에 오르기 위해 주위의 어떤 도움을 받아서는 안 된다. 특히 핵심적인 도움은 절대로 받지 말아야 한다. 그래야만 흔들리지 않는 정치철학을 지니게 된다.

도움을 받는 자는 아무리 진정성을 가지려 해도 스스로 진정성을 깊이 이해하고 있지 못하기에 세월 따라 '진정성의 변질'이 나타나고 국민의 편에 서기보다는 자신의 껍질을 벗겨 준 자의 편에 서게 되며 결국 정치농단을 당하게 된다. 시작부터 정치적 사망선고를 받고 정치무대에 오르는 것과 같다. 정치인은 스스로 커야 하는 이유다.

005
지식인들과 신정치

지식인들의 대다수는 정치를 혐오한다. 대중들은 정치를 싫어해도 날카롭게 비판할 능력이 부족하지만 지식인들은 논리적으로 비판한다. 조목조목 따지면서 정치인들의 흠집내기에 대단한 실력을 발휘한다.

투쟁에 앞장서서 유명세를 타는 지식인도 많다. 이처럼 열려 있는 시대에 투쟁은 잘못된 정치행위의 표본이다. 이들의 절대다수는 나무만 바라보고 숲을 느끼지 못하는 지식인이다.

그런 지식인들이 정치인이 되는 경우가 있다. 여지없이 기존의 구정치를 한다.

그러니 어느 누구도 믿을 수가 없다. 지식인들은 반드시 알고 있어야 한다. 이 나라의 정치가 이 모양인 것은 바로 지식인들의 책임이 매우 크다는 것이다. 그들이 대중들이나 서민들의 존경을 받지 못하는 한 정치는 발전할 수 없다는 것을 기억하길 바란다. 지식인의 대다수가 배운 지식을 가지고 돈이 되거나 인기가 있는 분야에만 혈안이 되어 있으니 대중들에게 불신만 받고 있는 것이다. 지식인들은 자신의 지식이 풍부하다고 일고 있지만 자신이 어떤 역할을 해야 하는 지에는 너무나 무지하다. 황금조끼를 걸치고 황금조끼를 즐기는 정치인을 비난하는 자체가 누워서 침뱉기인 것을 모르고 있다. 지식은 사회와 이웃과의 화합에 사용되는 가장 강력한 무기다. 배운 사람은 배운 사람답게 삶을 관조하며 주위에 사랑과 평화스러움을 베풀어야 한다. 지식인은 축구에 비유하면 링커(허리)역할을 하고 있다. 링커가 제 역할을 하지 못하면 그 축구팀의 공격수와 수비수는 제 힘을 발휘하지 못하고 패배한다.

이처럼 공격수와 수비수의 조화를 맞추는 역할이기에 투쟁보다는 화합의 기수가 되어야 한다. 행동대장 같은 투쟁을 즐기거나 흑백논리에 집착하는 지식인이라면 사이비 지식인이며 사회를 갈등과 분열로 치닫게 하는 문제다. 왜냐면 정치와 사회는 급진적 투쟁으로 해결되지 않으며 지식인의 투쟁은 지조와 과묵과 진정성을 지닌 대화만으로 가능하다.

그리고 지식인은 자신의 가정부터 올바로 서 있는지를 확인한 후 사회와 정치를 걱정해야 한다. 가정도 제대로 세우지 못하고 주위사람들로부터 존경받지 못하는 지식인이라면 사회나 정치에 그 어떤 말도 하지 말아야 한다. 지식이 부족한 대중보다도 더 위험한 사람인 것이다. 반풍수가 집안망치는 경우와 다를 바 없다.

지식인이 황금조끼를 과감히 벗어 던지고 서민적 영혼으로 지식의 가치를 음미하고 사회를 바라볼 때 신정치는 그만큼 빨리 다가온다.

006

권위주의란 무엇인가?

　구정치인의 마음속에 박혀 있는 것들 중에서 가장 먼저 빼내야 하는 것이 있다. 바로 권위주의다. 이것만 빼면 옥상옥의 조직이나 기구들을 만들지 않아도 모든 정치상황이 자연적으로 잘 풀려 나간다. 서로 삿대질과 욕설을 하며 얼굴을 붉히는 일이 크게 줄어들기 때문이다. 그러나 그들은 모두 '나만큼은 절대로 권위주의자가 아니다.'라고 단언한다. 권위주의의 뿌리가 어떻게 생겼는지를 전혀 모르고 있기 때문이다. 권위주의가 꼭 정치인에게만 해당되는 것이 아니다. 정치가 어느 곳이나 존재하는 물과 같듯이 일반인에게도 똑같이 적용된다.

　쉬운 예를 들어보자. 생각이 가벼운 후배 녀석이 주위사람들 앞에서 장난삼아 형이라 부르지 않고 이름을 불렀다면 순간적으로 자존심이 상한다. 여기까지는 권위주의가 아니다. 그러나 그 자리에서 바로 정색을 하며 후배를 꾸짖거나 화를 내는 것은 권위주의적 사고다. 스스로가 형으로서의 도리를 하지 않았다면 스스로에게 책임이 있기에 화를 내면 안 되고, 도리를 다했다고 해도 생각이 가벼운 후배가 '친하니까 이 정도의 야자는 이해해 주겠지.'라고 생각해서 이름을 불렀을 가능성도 있으니 화를 내면 안 된다는 것이다. 상대가 생각이 부족하여 일어난 일이라고 확신하면 다음 기회에 조용히 타이르면 되는 것이다. 자, 여기서 이를 목격한 주위사람들의 의식수준을 두 가지 상황으로 비유해서 논의해 보자.

첫째. '후배가 좀 까불고 가볍군. 그래도 참고 정겹게 대화를 이어가는 선배가 참 대단해.'라고 생각하며 후배의 언행에 문제가 있지만 선배의 포용력에 찬사를 보내는 주위사람. 둘째. '후배가 이름을 불러도 멍청하게 있네. 배알도 없나?'라는 생각을 하고 선배의 즉각적 행동을 부추기는데 초점을 맞추는 주위사람. 첫째유형의 주위사람들이 선진국의 대중이라면, 둘째유형의 주위사람들은 후진국의 대중이라 말할 수 있다. 다시 말하면 후진국의 대중은 그 나라의 정치인을 닮아 있기에 대부분 권위주의적 의식이 자리잡고 있어 위신부터 생각한다. 그러기에 자신을 업신여기면 꼭 앙갚음을 하려는 심리가 지배적이다.

이와 같이 자신의 약점은 최대한 감추고 상대의 약점은 최대한 확대시켜 자신의 위치를 유지하거나 더욱 견고히 하려는 탐욕적 심리에서 나오는 언행이 권위주의다.

궁궐이나 화려한 저택 또는 대형 성당이나 사찰 그리고 무덤이나 성벽을 보며 누구나 그 예술성과 웅장함에 감탄하지만 그 내면에는 탐욕자들(정치나 종교지도자들)이 자신들의 세력과 권위를 알리기 위해 고도의 기술과 문화를 간직했던 백성과 피죽을 먹으며 살아야 했던 천민이나 전쟁포로들을 강제로 이주시켜 평생동안 노동을 강요한 것 또한 권위주의의 발로임을 깊이 되새겨야 한다.

이처럼 권위주의는 갑질과 깊은 연관성이 있다. 상대가 자신에게 기분을 상하게 하면 참지 못하고 자신의 강점(돈, 직위, 권력, 힘, 나이 등)을 내

세워 갑질을 하는 자가 바로 권위주의자인 것이다. 권위주의는 직위가 높거나 힘있는 사람에게만 해당되는 것이 아니다. 권위를 탐하는 언행을 일삼는 모든 사람이 권위주의자이다. 과시욕이나 사치욕 그리고 개인주의 등에 지나치게 빠지게 되면 자신도 모르게 권위주의자가 된다. 권위주의적 정치가 만연되어 있다는 것은 그 나라의 국민성까지 권위주의로 오염되어 있어 정치무대뿐만 아니라 어떤 사조직이라도 힘과 돈이 우선하고 막말과 욕설과 삿대질이 오간다. 그 나라의 국민성은 그 나라의 정치인의 품격과 동일하다는 것이다.

007

불나방과 구정치인

왜 불나방이라 했을까? 불을 좋아해서가 아니다. 빛을 향해 일정한 각
도를 유지하면서 나르는 습성 때문에 불구덩이로 들어가서 무의미한 죽
음을 맞이한다. 이처럼 습성은 운명을 좌우한다. 구정치인들의 습성 또한
불나방과 같다. 명절이나 선거철에 잠시 얼굴을 보이고는 대부분의 시간
을 부자나 상류층과 시간을 보내면서 자신의 특권은 절대로 포기하지 않
으면서 정치는 잘하려는 습성이다. 즉 정치의 기본원칙과는 전혀 맞지 않
는 습성을 가지면서도 훌륭한 정치인이 되려는 아집만큼은 대단하다. 허
리와 발목에 온갖 모래주머니(돈, 명예, 기득권, 귀족적 영혼 등)를 달고
서 단거리 육상대회에서 반드시 우승하고 말겠다고 의기양양하다. 그들
또한 유명한 종교지도자나 지혜로운 자를 멘토로 두고 있다. 평소에도 가
끔씩은 만나 대화를 나누겠지만 어려운 일에 처했을 때 무언가 해답을 찾
고자 할 때도 있다. 그러나 그 멘토는 무엇을 도와줄 수가 있을까? 오늘날
의 구정치인들에게 도와줄 것이 거의 없다. 도와줄 여건을 스스로가 만들
지 못하고 있다는 사실조차도 모르고 있으면서 자꾸 도와 달라고 애원하

는 자들이다.

그렇다고 해서 그들에게 모래주머니를 뗄 수 있느냐고 면전에서 말하면 어이없는 표정으로 달아나버리는 자들이다. 정치란 대부분의 시간을 가난하고 헐벗은 자들이나 서민에게 사용하고 그곳에서 느낀 논리를 수렴시켜 각종 현안문제들을 풀어야 한다.

그곳에 정답이 있기 때문이다. 그러나 그들은 이런저런 핑계를 대며 서민과의 대화나 접촉을 피한다. 정치가 늘 쑥대밭이 되고 있는 이유다.

008

당신은 명예를 위해 정치를 하는가?

인간은 성공(속물적)을 하면 주위사람들에게 자신의 능력을 더 알리려 한다. 그 욕구는 무한하다. 그 마지막 직업이 바로 정치다. 명문대를 나오 거나 자수성가하여 유명해지면 정치인을 꿈꾸거나 정치단체에서 유혹을 하여 아무 준비도 없이(본인은 준비 많이 했다고 생각하겠지만) 정치의 길 로 들어선다. 생존의 문제는 완전히 해결했고 명예로운 삶을 위해서다. 국 민을 위하고 동시에 자신의 명예도 얻는 '두 마리 토끼'를 잡을 수 있으니 한번 도전해 볼 만하다. 문제는 어느 것이 먼저냐다. 당연히 국민을 위한 것이 먼저다. 정치인은 국민을 위해 벌거벗겠다는 마음부터 지녀야 한다. 그러면 명예는 자연스럽게 따라온다. 명예는 다음 문제라는 것이다. 이것 이 신정치의 개념이다. 그러나 구정치인들은 명예를 국민을 위한 것과 함 께 묶어 정치를 하려 한다. 꿩도 먹고 알도 먹겠다는 것이다. 이렇게 말하 면 구정치인들은 '참으로 말장난을 하는 군. 그게 그거 아닌가?'라고 웃을 것이다. 신정치의 개념조차 생각해 본 적이 없는 그들이기에 그럴 수밖에 없다. 그들은 '따라오는 것'을 '함께 묶여 있는 것'으로 생각하며 정치를 하려하니 '자존심의 정치'로 치닫고 갈등과 분열의 정치만 일삼는다.

간단한 예를 들어보자. 선거에 출마해서 당선되면 그 자체가 명예라고 생각하는 자들이 많다. 그러나 당선자체는 명예가 아니다. 아직까지 국민을 위해 아무것도 한 것이 없는데 무슨 명예인가? 그리고 자신의 명예와 국민을 위한 것은 항상 일치하지 않는다. 정치무대에서는 자신의 명예가 구겨지는 것이 국민을 위한 일이 될 수 있는 경우가 너무나 허다하다고 확신하는 것이 신정치의 개념인 것이다. 자신의 정치소신과는 별개로 국민을 위해 침묵을 지키는 바보가 되어야 될 때도 있고 자신의 직위를 과감히 내려놓아야 명예로울 때도 있다.

그러므로 자신의 명예에 집착하게 되면 두 마리 토끼(명예와 국민권익)를 다 놓치게 된다. 정치인의 명예란 지금 올라서 있는 직위가 아니라 그 위치에서 국민을 위해 얼마만큼 벌거벗었는가에 따라 보상받는 보너스일 뿐이다.

사랑에 집착하면 사랑이 멀어지듯이 명예에 집착하면 명예는 사라진다. 그러므로 정치를 하는 동안에는 명예는 생각지 말고 국민만 생각해야 한다.

그래야만 훗날 명예가 따라오는 것이다. 기존의 정치인들은 이미 되돌리기 어려운 정치환경의 덫에 걸려 구정치에서 벗어나기가 너무나 힘겹다. 정치신인은 반드시 명심해야 할 대목이다.

009

횃불과 등잔불

'등잔 밑이 어둡다.' 참으로 많은 생각을 하게 만드는 속담이다. 목사가 수많은 신도들에게 진리의 말씀을 수십 년 동안 가르치며 존경 받아왔더라도 자신의 자녀들에게 진심어린 존경을 받지 못한다면 등잔 밑이 어두운 자다. 수십 년 동안 학교에서 수천 명의 학생들에게 인성과 인륜을 가르치고 존경 받아왔던 교사나 교수라도 오랫동안 그의 정체성을 보아 온 자녀들이 '진정성이 부족한 부모'라고 느낀다면 그 교사나 교수는 학생들에게 인성과 인륜을 진리대로 가르친 것이 아니다. 그러나 교사가 아닌 평범한 부모라도 그들의 자녀들이 '진정함이 충만한 부모'라고 확신한다면 삶의 진리를 가르쳐 준 자다. 정치지도자 또한 예외일 수가 없기에 가장 두려워해야 할 속담이다.

지도자는 일반인과 달리 최측근의 마음을 읽어내는 능력이 반드시 필요하다. 이것이 부족하면 국민들에게 위임받은 권력을 측근에게 농단당하고 어느날 갑자기 멍청이가 되어 폭삭 주저앉는다. 이미 수습할 방법조차 없다. 그리고 이렇게 지도력이 부족한 자는 '믿는 도끼에 발등 찍혔을 뿐

내 잘못이 아니다.'라는 공통된 심리를 가지고 있다. 한마디로 '사기 친 놈이 나쁘지 당한 자는 억울할 뿐'이라는 논리에 치우쳐 있으니 정치지도자로서의 자격조차 없는 자이다.

이처럼 등잔불 같은 정치지도자 밑에서 함께하는 정치인들까지 서로 싸우고 물어뜯는다면 정말 설상가상이다. 같은 배를 타고서도 계파로 나뉘어 서로를 헐뜯는 정치세력들. 국정농단에 책임이 무거운 친박과 국민들의 여론을 보며 살아남기 위해 몸부림치는 비박간의 탄핵혈투. 그들이 진정 정치와 국민을 생각하는 자들이라면 한 가지 방법밖에 없다. 정계를 은퇴하여 정치무대에 새로운 물결을 만들어 주는 일이다. 친박이든 비박이든 누구든 정치판을 새롭게 바꿀 영혼이 단 한 명도 없기에 은퇴를 선언하는 자가 보이질 않는다. 그들의 절대다수는 끝까지 정치무대에 버티고 있다 보면 또 다른 기회가 올 것이라 생각하고 있을 것이다. 구정치인들의 정치요령이지만 결국은 국민들로부터 모두 따돌림을 당하고 말 것이다.

정치적 리더가 등잔불이어서는 절대로 안 된다. 가까운 곳부터 썩어 가면 점차 먼 곳까지 다 썩어가니까. 정치지도자는 꺼지지 않는 햇불이 되어 측근이나 가족의 인성부터 먼저 훤히 비추어 올바르게 만들고 그들에게 가장 먼저 사랑받고 존경받는 정치인이어야만 신정치의 기본골격을 지닌 자이다.

010
신정치는 효율과 실용우선주의

인간은 동물에 비해 예의와 품위를 중요시한다. 여기에 신경을 쓰다 보니 격식이 매우 복잡하고 다양하다. 혼인과 장례문화를 보면 정말 대단하다. 간명하게 해야 할 일들이 너무 많다. 이처럼 인간사회에 격식은 도처에 깔려 있으며 매우 완벽하다 못해 넘쳐나다 보니 그만큼 내용이 빈곤해진다. 인간의 역사가 흐르면 흐를수록 쓸모없는 격식은 복잡하고 다양해진다. 세월이 흐를수록 알맹이 없는 조개껍질이 해변가에 산더미처럼 쌓이는 것과 흡사하다. 이와 같이 격식에 집착하면 그만큼 효율과 실용이 뒤떨어진다.

정치인이 특별한 경우에만 양복을 입고 항상 캐쥬얼을 입는다면 4년 동안 절약되는 시간으로 여러 개의 법안을 추가로 만들 수가 있을 것이다.

종교문화를 보면 더욱 심각하다. 종교마다 제각각의 격식(율법)을 만들어 그 속에서 생활한다. 종교끼리 목숨 걸며 다투는 것도 서로 다른 격식에서 비롯된다. 아주 옛날에는 생사람의 심장을 꺼내서 신께 바치는 격식도 있었다. 참으로 어이가 없다. 인간은 이처럼 격식의 노예가 되어 있다는 사실조차 모르고 자신의 영혼과 시간을 값싸게 맡기고 있는 것이다. 물론 격식도 중요하다. 그러나 집착하면 효율과 실용이 그만큼 뒤떨어지고 불편하다. 음식문화에 뷔페가 등장한 것은 격식을 줄이고 효율과 실용을 중시하였기 때문이다. 격식을 거하게 치루지 않으면 뭔가 허전하고 일이 손에 잡히지 않는 자들도 있다. 격식에 중독된 자들이며 그것이 오히려 편하다고 말한다. 이런 자는 자신의 삶을 격식이라는 동아줄로 꽁꽁 묶고 허송세월만 보내다가 흙으로 돌아간다. 그리고 후손에게도 그 삶을 강요한다.

정치 역시 마찬가지다. 각종 행사에 의무적으로 참석하는 격식도 좋지만 가능한 최소화하고 그 시간을 국민을 위한 에너지로 활용해야 한다. 정치야말로 최소한의 격식으로 품위를 유지하고 그 나머지의 에너지를 총동원하여 효율과 실용을 극대화하는 직업이다.

011

차라리 정치를 하라

서민들의 대부분은 먹고 살기 바쁘다. 생계유지와 자식교육 때문에 국가나 사회에 대한 관심을 가질 시간이 없다. 정치나 사회뉴스만 보고 느낄 뿐이다. 그러니 정치를 깊이 이해하지 못한다. 양극화가 심한 후진국일수록 이러한 현상이 나타나고 정치인들도 정치를 이해하지 못하는 국민들을 설득시키기가 어려워 정치후진국을 면할 수가 없다. 서로 물고 물리는 악순환의 고리에 걸려 있는 것이다. 이렇게 하여 국가는 파탄에 이른다. 이를 보고 가만히 있을 수 없는 소수도 있다. 국가나 사회를 걱정하는 사람들이다. 그들은 자신이 배운 전문성을 각종 사회단체나 인권활동에 올인하면서 사회정의를 실현하는데 심혈을 기울인다. 그리고 단체의 장이 되어 정치사안마다 자신의 의견을 내세우고 격한 투쟁을 벌이기도 한다. 그러나 그들은 한 분야의 전문가일 뿐이다. 정치가 코끼리 몸통이라면 그들은 몸통의 일부분만을 세밀하게 만져 보고 그곳의 부스럼만 확대하여 그것을 정의라고 확신하며 격한 투쟁을 벌일 수도 있다는 의미다.

예를 들면 '그린피스'라는 세계적인 환경단체가 있다. 가끔씩 결렬한 시위를 벌이는 뉴스가 나오기도 하지만 분명 한계가 있다.

그들에게 충고하고 싶다. 가능하면 각종 시민단체의 리더보다는 바로 정치무대에 뛰어들어야만 몸통을 볼 줄 알게 되고 진정한 정의를 깨닫게 되며 자신이 원하는 법안을 빨리 만들 수가 있다.

시민단체의 장이 되면 자신도 모르게 투쟁을 하게 되며 아무리 올바른 투쟁이라 해도 거친 말투나 과격한 폭력은 올바른 해결책이 아니며 올바른 정치행위도 아니다. 알고 보면 모든 것이 정치행위이기 때문이다. 차라리 처음부터 정치를 하라.

012

신정치인은 단답식
질문에 신중해야

    할머니가 손자에게 '엄마가 좋니? 아빠가 좋니?'라고 갑자기 물어본다. 손자는 아빠를 쳐다보며 머뭇거리다가 '엄마'라고 속삭인다. 옆에 있는 아빠에게 미안한 마음을 가지고 있는 것이다. 할머니는 손자가 귀여워서 그냥 물어보는 것이겠지만 아이 입장에서는 곤혹스러운 질문이다. 사실 질문 자체가 우문이다. 둘 중하나를 선택해서는 결코 안 되기 때문이다. 아이들에게 이러한 양자택일의 질문을 자주하게 되면 혼란만 주게 되며 긴 세월동안 지속되면 사회에 나가도 흑백논리의 개념에 빠져 이념의 노예가 될 가능성이 있다. 잘못된 삶에 익숙해지는 것이다.

    정치부 기자나 TV토론에 사회자가 정치인들에게 던지는 질문 중에는 이와 같은 우문이 넘쳐흐른다. '진보와 보수, 성장과 분배, 중앙집권과 지방자치, 대통령책임제와 내각책임제, 제왕적 대통령제와 분권형 대통령제, 대기업과 중소기업, 기업주와 노동자' 등에 관한 선택적 질문이다. 미역국에 간을 맞출 때 간장과 소금 중에 어느 것을 넣느냐고 물어보는 것과 같다.

정치란 양쪽을 비율에 맞추어 잘 버무려 맛을 내는 작업인데 분리시키려는 질문을 하니 상대를 혼란스럽게 하거나 망가뜨리는 우문인 것이다. 이러한 우문에 말려서 성급히 화답하면 정체성이 서서히 함몰되어 자신의 약점으로 축적된다.

모순이 있는 질문에 답을 했으니 모순을 낳고 그 발언은 일파만파가 되어 사회적 갈등만 일으킨다. 신정치인은 이러한 양자택일의 질문이나 경제수치를 거론하는 질문에는 신중하게 대처해야 한다. 우문임을 의식하지 못하고 던지는 그들의 질문이 유능한 정치인을 박쥐로 만들어 버리는 경우가 있기 때문이다.

013

복 많이 받으세요?

　새해가 되면 '복 많이 받으세요.'라는 덕담을 주고받는다. 관습으로 익어있는 덕담이기에 자연스레 받아드리고 기분도 좋지만 이 덕담이야말로 한번 깊이 생각해 봐야 할 심각한 측면이 있다. 과연 누가 복을 줄까? 부자집 자녀로 태어난 것은 운일 뿐 복으로 생각하면 무지로 인한 착각이다. 그들이 모두 행복할 수는 없으니까. 이처럼 운은 받을 수가 있지만 복은 스스로 자가발전시켜야 한다고 생각하며 살아가야 한다. '모든 복은 내가 키워낸다.'고 확신하고 있으면 책임감도 강해지고 '내 탓 정신'도 몸에 밴다.

　복은 받는 것이 아니라 스스로 품어 내는 것이다. 복을 주위로부터 받는 것이라고 생각하고 있으면 남에게 기대거나 무엇을 바라는 습관이 굳어지고 자신에게 좋지 않는 일이 벌어지면 남탓을 하는 습성이 생긴다.

　그리고 '나는 왜 이리 복이 없을까?'라고 자신에게 묻는 우를 범하게 된다. 이렇게 주위를 탓하거나 기대는 마음이 생기는 덕담이 관습 속에 가득 차 있는 사회는 갈등과 분열로 찌들어 선진사회로 나아갈 방법이 없다.

 누구나 복의 씨앗을 갖고 태어난다. 그 싹을 잘 품어서 어떻게 틔우느냐의 문제다. 이제는 '복 많이 품으세요.'라는 신개념의 덕담을 주고받아야 한다. '억지로라도 웃다 보면 건강해진다.'는 논리처럼 신개념의 덕담이 퍼져 나가면 남 탓을 하는 정체성은 점점 사라지고 모든 일을 내 탓으로 돌리는 사회적 분위기가 조성된다.

 이처럼 '국민의 정체성에 영향을 주는 덕담은 반드시 바로잡아야 한다.'고 확신하는 정치인만이 사회와 국가를 바꿀 수 있다. 국민들의 의식부터 신개념으로 바뀌어야만 올바르고 수준 높은 여론이 형성되고 신정치의 개혁에 가속도가 붙기 때문이다.

 가감민주주의에서 미적민주주의로 향하는 길이다.

014

오염된 영혼의 시발점

소가죽이면 충분한데 호랑이나 악어가죽이어야 하고 비단이나 면이면 충분한데 밍크 옷에 집착한다. 그러니 밀렵꾼들이 날뛰고 동물들이 멸종한다. 사기그릇이면 충분한데 골동품을 중히 여기니 무덤 파는 자들이 날뛰고 유명한 화가의 그림을 걸어놓으려 하니 여기저기 사기꾼과 가짜가 판친다. 정원을 밭으로 꾸미면 충분한데 자연석을 즐기니 자연파괴를 일삼고 96m²의 아파트면 충분한데 180m²이상의 아파트를 즐기니 여유 공간을 채울 사치품들을 꿈꾸고 에너지 낭비가 심해진다.

추운 겨울이 와도 김장을 못하고 있는 쪽방할아버지가 동네부녀회에서 건네준 김치봉투에 감동해서 눈물을 흘리는 모습을 눈여겨보았다면 그런 사치는 절대 못할 것이다.

수십 년 닦아야 빛나는 영혼이기에 가꿀 생각은 않고 마음만 먹으면 당장이라도 바꿀 수 있는 외형적 사치와 화려함에 빠져 돈을 중히 여기는 습관에 매몰되고 주위를 돌아보는 어릴 적 본성은 변질되어 탐욕적 이성만이 가득하다.

이러한 사회현상은 구정치인들의 오염된 영혼에 그 시발점이 있다는 것이다.

노트

- -
- -
- -
- -
- -
- -
- -
- -
- -

015

신정치인과 숙성된 인간성

    사회주의와 민주주의. 대통령제와 의원내각제. 양원제와 단원제. 소선거구와 대선거구. 중앙집권과 지방분권. 정치인은 이러한 정치개념들에 대한 풍부한 지식을 습득하기 이전에 인간성이 풍부한 자이어야 한다. 바로 숙성된 인간성을 말한다. 왜냐면 정치는 상반된 두 개념을 잘 버무려 멋진 교집합을 만들어내는가의 문제지 어느 한쪽의 극단적 개념을 가진 전문가는 훌륭한 정치를 만들어 낼 수가 없고 그 교집합의 예술은 숙성된 인간성만이 감당할 수가 있기 때문이다.

    숙성된 인간성이란 부모를 편히 모실 줄 알고 친구관계가 매우 원활하며 자녀를 잘 키워 참다운 사회인이 되도록 하고 결혼 후에도 행복한 부부로 살아갈 수 있는 지혜를 듬뿍 줄 수 있는 인간성을 말하며 이런 자만이 정치지식을 쌓고 정치무대를 바라볼 수가 있다. 부부 사이가 정겹지 못하고 부모를 편히 모시지 못한 것 같고 자녀를 참답게 키우지 못하며 주위사람들이나 이웃이나 친구관계 또한 원활치 못하다고 생각되면 아무리 좋은 직책을 갖고 성공하여 유명인이 되었더라도 정치무대는 얼씬거리지도 말아야함을 명심해야 한다. 왜냐면 자신은 정치를 잘할 것 같

아도 결국은 정치를 망치는 길이 되기 때문이다.

구정치인들 중에는 정치에 대한 전문지식만을 가득 담고 있는 자는 많지만 부모형제 그리고 부인과 자녀와 주위친척 그리고 가까운 지인들에게 진정으로 사랑받고 존경받는 자들은 그리 많지 않다. 절대다수가 열정은 있어도 스스로를 되새겨보지 않아 속물이 되어 버린 것이다.

정치가 이 꼴이 된 이유이기도 하다. 신정치인은 '정치는 제도 이전에 정치인의 숙성된 인간성이 우선하고 법률은 국민의 숙성된 인간성 이전에 제도가 우선한다.'는 사실을 가슴속에 철저히 새겨 올바른 제도를 만드는 데 밤을 지새워야 한다.

016
탐욕을 낳는 사회제도를 없애야

로또와 스포츠 복권 그리고 경마와 카지노가 인기절정이다.

정치인들은 국민의 오락과 문화시설을 다양하게 하고 경제를 활성화시키는 동시에 세금도 거두어들이는 일석이조의 사회제도라는 명분을 앞세워 그 파이를 계속 넓히고 있다.

그러나 투기로 변질되어 가산을 탕진하는 서민들이 점점 늘어나고 탐욕에 빠진 경마나 스포츠 선수들이 승부조작까지 벌이고 있다. 국민에게 탐욕을 부추기며 새로운 탐욕을 파생시키고 있는 것이다. 미국은 최근에 복권 1등 당첨금이 수천억에 이르러 국가전체가 탐욕의 도가니가 되고 있다.

과연 수천억을 갑자기 얻게 된 1등 당첨자는 어떤 삶으로 변하게 될까? 국민에게 올바른 인문과의 만남을 주선하고 맑은 영혼을 권장하여 합리적 이성이 넘치는 사회로 나가도록 해야 할 국가가 탐욕을 증폭시키는 제도에 빠져 있는 꼴이다.

이러한 탐욕의 제도가 사회에 다양하게 스며 있는 국가의 국민은 문화와 영혼의

품격에 무심할 수밖에 없다.

황금만능주의적 대화(부동산 주식, 자동차 주식, 명품 등)가 사회를 지배하고 문학과 역사와 철학의 소통과 대화는 줄어들 수밖에 없다. 이러한 사회는 자연스레 정치의식 수준과 판단력 또한 떨어지고 자신도 모르게 탐욕자가 되어 버리는 국민이 늘어난다. 여기에서 더더욱 심각한 사회문제가 파생된다. 탐욕자가 되어 버린 국민들은 탐욕의 정치인이 탐욕자로 보이지 않으며 경우에 따라서는 존경과 부러움의 대상으로 보이게 된다는 것이다. 결국 탐욕의 정치인들이 선거에서 승리하여 정치무대를 휘젓게 되며 그들은 또 다시 탐욕(복권, 경마, 카지노 등)의 제도를 더욱 활성화시킨다.

이러한 악순환은 탐욕의 정치인의 정치생명을 연장해 준 만큼 올바른 정치인이 정치무대에 진입할 기회를 막아 버린다.

간단한 사례를 들어보자. 5년 동안 일주일에 10000 원을 복권에 투자하는 서민은 원금만 200만 이상이 지출된다. 만일 복권과 같은 물질탐욕의 제도가 없다면 그 돈으로 5년간 책을 사 보거나 여행을 떠날 수가 있어 우리 서민들의 문화 의식수준이 완연히 달라진다는 것이다.

더 심각한 문제도 있다. 투기에 중독되어 가산을 탕진하고 절망의 늪에 빠진 한 명이 수십만 명을 공포로 몰아넣는 사회를 만든다는 것이다. 이를 방지하기 위한 사회안전망의 구축비용은 복권이나 경마나 카지노로 거둬들인 세금과는 비교가 되지 못할 정도로 실로 어마어마하다.

인간은 정치적 동물이며 정치에 큰 관심을 두어야만 그 나라의 모든 문화가 선진화된다.

정치에 무관심한 국민들로 이루어진 국가는 결코 올바른 문화를 향유할 수 없다는 의미다. 그리고 정치인이 해야 할 일은 딱 하나다.

탐욕의 근간이 되는 변질된 이성을 부추기는 사회제도를 없애고 나눔의 근간이 되는 합리적 이성을 회복시키는 사회제도를 만드는 일이다. 이러한 사회제도가 정착되면 오락이나 복권이나 카지노보다 문학이나 예술 그리고 역사나 철학에 관심을 가지며 경제과 복지도 저절로 균형있고 정의롭게 활성화되면서 경제대국이 아니더라도 국민의 행복지수는 크게 올라간다.

정치는 국민에게 탐욕과 행운보다 나눔과 행복이 진정한 삶의 가치라는 것을 깨닫게 하는 설득의 예술이다.

017

서민과 재벌은 공동운명체

숲속에 수많은 동물들이 모여 살며 항상 평화로웠다. 그러던 어느 날 두뇌가 탁월한 코끼리들이 숲속에 들이닥쳤다. 그들은 우렁찬 목소리를 내며 닥치는 대로 먹어치웠다.

숲속의 동물들은 경계도 했지만 그들 옆에 있으면 위험을 모면할 때도 있어 함께 살았다. 그러나 세월이 흐르면서 문제가 발생하기 시작했다.

숲속에는 방부효과가 있는 풀과 나무가 자라고 있었고 동물들은 아무리 굶어도 그것만큼은 먹지 않기로 약속을 했었다. 자연의 이치를 따르기 위한 것이었다.

그러나 코끼리들은 그 약속을 어기고 그것까지도 먹어치우기 시작한 것이다. 죽은 후에도 자신의 장엄함을 후손에게 그대로 남기기 위해 흙으로 돌아가는 자연의 이치를 거부한 것이다.

그들의 시체가 숲속에 나뒹굴고 옥토와 숲의 순환고리를 끊어 버렸다. 그리고 숲이 서서히 사라지고 흙도 황폐화되기 시작했으며 먹이사슬 고리가 망가져 동물들은 생존에 몸부림쳤고 결국 하나 둘 숲속에서 사라지거나 멸종되어 갔다.

물론 코끼리들도 예외 없이….

바로 갑부나 재벌이 그렇다. 그들은 과도하게 축적된 물질을 나누는데 인색하다. 그들은 평생을 축적의 희열에 가치를 부여하며 살아왔기에 나눔을 '순진한 자들의 멍청한 의협심' 정도로 여긴다. 그들은 '생색내기 기부'로 탁월한 기교를 발휘하며 여론악화를 순간순간 차단시키면서 상속을 위한 축적에 더욱 박차를 가한다.

물질의 축적은 삶의 수단을 위한 것이고 영혼의 축적은 삶의 목적을 위한 것임에도 영혼의 축적을 포기하면서까지 모은 물질인데 어찌 나눔을 택하겠는가?

진정한 가문의 명예는 창조와 리더십과 나눔의 폭과 깊이로 평가를 받는 것임에도 갑부나 재벌들은 자신의 거대한 재산을 편법상속이나 재산해외도피 탈세 등의 방부제를 뿌려 거대한 재산을 끝까지 품는 것을 가문의 명예로 생각하니 얼마나 부끄럽고 수치스런 일인가?

서민도 그들도 모두 낭떠러지로 향하고 있다.

018
정계은퇴를 선언한 자들에게

정계은퇴를 선언했던 정치인들이 정계복귀를 하거나 언론을 통해 정치에 관한 얘기를 하는 자들이 있다. 또 다시 무슨 자신감이라도 생겼거나 아직도 할 말이 많은 모양이다. 정치에 신물이 났거나 무능을 스스로 인정해서 국민들 앞에 공언했던 결단을 번복하고 또 정치무대를 탐하거나 머뭇거린다는 것은 국민을 너무 우습게 보는 행위다. 이런 자들은 3가지 문제점이 있다.

첫째. 판단력이 부족한 자다. 사실 은퇴를 공식적으로 선언한다는 것은 정치인으로서 가장 중요한 대결단이다. 이러한 결단을 잘못했다는 것은 판단력에 큰 문제를 안고 있다는 증거나 다름없다.

둘째. 예지력이 부족한 자다. 정치의 앞날에 자신이 또 필요하다는 사실을 모르고 있는 자다. 자신을 잘 모르는 자가 어찌 국민을 잘 알겠는가?

셋째. 신뢰 자체가 무너진 자다. 정치에서 신뢰를 잃으면 이미 시정잡배와 같다. 이런 자는 지식이 많더라도 국민을 위해 그 어떤 일도 할 수 없다. 국민들이 의심을 하기 때문이다. 그러므로 국민적 분열과 갈등이 따라

다닌다. 국가와 사회에 대한 미련을 버리고 나서 다시 국가와 사회를 위해 나서겠다는 마음속에는 무엇이 숨겨져 있나? 자신의 권력욕을 다시 탐할 수 있는 시기가 왔으니 그 시기에 맞춰 나서겠다는 것과 무엇이 다른가?

그대들이 아니더라도 더 유능한 일꾼들은 무수히 많다. 이런 자들은 구 정치인이기에 정치의 근본을 모르는 자들이다.

정치란 단절의 표현을 가능한 하지 않는 것이다. 진정으로 국민을 생각해 온 유 능한 정치인이라면 정계은퇴라는 말은 죽을 때까지 하지 않는다. 언젠가는 국민이 자신을 다시 부를 것이라는 확신을 가지고 있는데 어찌 은퇴를 하겠는가?

019

정치를 스스로 비하시키는 구정치인들

정치라는 용어는 매우 신선한 용어다. '이 이상의 신선한 용어는 이 세상에 없다.'고 믿어야 할 사람들이 바로 정치인이어야 한다. 그러나 구정치인들은 이러한 믿음을 헌신짝처럼 내던지고 정치를 잘해 보겠다고 뛰어다닌다. 언론이나 방송 그리고 신문에서 '정치검사'라는 용어를 부정적으로 사용하고 있는 것이 대표적 사례다. 이런 용어를 사용해도 찍소리 못하고 가만히 있다. 권력에 꼼짝 못하고 정치인들의 눈치만 보며 일하는 검사를 두고 하는 말이다.

이런 검사는 진급을 하기 위해 귀를 쫑긋거리는 '토끼검사'나 '눈치검사'라고 해야지 왜 정치검사라고 말하는가? 참으로 한심하기 짝이 없다. 정치인이 스스로를 비하시키고 있는 것이다.

평소에 정치를 하면서도 정치가 무엇인지를 되물어 보는 습관이 배어 있지 않기에 정치의 본질에 대한 깊은 성찰을 하지 못했기 때문이다.

경제문제가 생겨도 정치인은 그 사안을 정치적으로 풀어나가는 것이 정법인데 스스로 '정치적 관점'으로 바라보지 않겠다고 말한다. 정치인은 경제를 보든, 사회를 보든, 문화를 보든, 역사를 보든 모든 분야를 정치적 관점에서 보는 것은 너무나 당연하다. 왜냐하면 정치는 다른 분야를 이끄는 최상의 분야이고 가장 양심을 우선하는 분야이기 때문이다. 이러한 정치에 대한 부정적인 용어는 구정치인들의 책임이 가장 크다. 그들이 그런 행동을 했기에 아무 말도 못하고 그런 용어를 스스로 쓰면서도 부끄러워하지 않는다. 무슨 신정치가 되겠는가.

노트

– –

– –

– –

– –

– –

– –

– –

– –

– –

Section

06

신정치인이 가장 행복한 이유

001

신정치인이 가장 행복한 이유

신정치인이 가장 행복한 이유.

부자집 자녀들은 부모의 심정을 깊이 이해할 수 있을까? 주위의 가난한 이웃을 진정으로 사랑할 수 있을까? 사회의 문제점들에 대하여 진정으로 걱정하며 학문을 할 수 있을까? 그렇지 못하다. 그들의 절대다수는 어려움을 직접체험하며 살아야 하는 서민의 자녀보다 이해심이 좁다.

물론 그들은 부모가 지닌 물질이 풍부하여 생활의 여유를 즐기며 유학을 가서 많은 학문도 익히고 좋은 체험도 한다. 그러기에 서민의 자녀보다는 즐거움의 순간들이 자주 이어지고 명문대에 입학하여 대기업에 취직할 가능성도 높다. 그렇다고 그것을 행복이라 말할 수는 없다.

그렇다면 행복은 뭘까? 자신을 깊이 이해할수록 부모형제를 깊이 이해할수록 친우, 친척들을 깊이 이해할수록 이웃사람들을 깊이 이해할수록 사회를 깊이 이해할수록 국가를 깊이 이해할수록 자연을 깊이 이해할수록 행복이 가까워진다. 그리고 이처럼 모든 것을 이해할 수 있는 능력은 더 많은 고통과 난관에 부딪혀서 극복할수록 커진다.

부유한 가정에서 고생 없이 자란 아이들이 주위에 대한 이해심이 부족한 이유도 여기에 있고 자신의 이익이나 편의성을 위해 중요하지 않는 것까지 이치를 따지며 중요하게 부풀리는 습성을 가지고 있다. 하지만 그들은 스스로를 행복하다고 말한다. 그러나 즐거움을 돈으로 쉽게 찾아다니는 불연속적 즐거움을 연속성처럼 착각하고 있을 뿐이다. 즐거움과 즐거움 사이에 허전하고 외로워지는 감정의 굴곡이 심하게 나타나는 이유도 여기에 있다. 그래서 그들은 계속 새롭고 더 강한 즐거움을 찾다가 결국 스포츠카를 구입하여 불법으로 과속질주를 즐기거나 알콜이나 마약에 손을 대고 폭력을 즐기기도 한다. 돈으로 해결될 수 있는 즐거움을 행복이라고 착각하기 때문이다.

행복은 부와는 정비례하지 않는다는 것이다. 행복은 이해심과 정비례한다. 그리고 이해심은 소통력과 정비례한다.

신정치인은 소통력이 탁월할 수밖에 없어 행복할 수밖에 없다.

002
신정치인이 품어야 할
행복재산의 개념

우리가 불행하다고 느끼는 원인은 어디에 있는가?

동물은 본능위주로 살기에 행복과 불행을 구분할 능력을 갖추고 있지 않다. 반려견은 고기만 주는 부자집이나 꽁보리밥만 먹게 되는 가난한 주인을 구별하기보다는 사랑과 관심을 주는 주인을 택하고 충성을 다한다.(이런 측면만 보면 인간은 동물만도 못하다. 바로 '변질된 이성' 때문이다.) 없으면 없는 대로 있으면 있는 대로 하루하루를 주어진 운명에 순응하며 살아가기에 불행을 느낄 수가 없다.

그러나 인간은 다르다.

없으면 없다고 모자라면 모자란다고 불행을 느낀다. 때로는 엄청난 재산을 가지고도 불행하다고 느끼며 살아간다. 못나서 불행하고 아파서 불행하며 가난해서 불행하고 집이 없어 불행하며 여가가 없어서 불행하고 학벌이 없어서 불행하며 친한 사람이 없어 불행하고 친척이 없어 불행하다. 이처럼 불행을 느끼는 이유는 2가지다.

바로 미래에 대한 불안의식과 물질과 영혼에 대한 비교의식이다.

미래에 대해 쓸모없는 것까지 걱정하며 물질과 영혼에 대한 비교의식은 거의 병적이다. 이러한 불행의 요인을 제거하는 방법은 간단하다.

하루하루를 열심히 살고 남들과 비교가 되는 환경에서 탈피해야 하며 나름대로의 흔들리지 않는 삶의 원칙을 만들어 가야 한다. 이중에서도 특히 현대인에게 불행을 느끼게 하는 것이 있다. 바로 물질에 대한 비교의식이다. 물질문명이 고도로 발달하며 나타나는 양극화 현상이 더욱 부추기고 있다.

모든 것을 던져 버리고 산속에서 혼자 생활하는 자들이 모두 행복하다고 확신하는 이유도 여기에 있다. 이처럼 물질문명이 물질탐욕을 부르고 동물들에게는 찾아볼 수 없는 변질된 이성을 잉태하며 더 큰 불행을 초래한다. 특히 재산이 많으면 남들이 알아준다는 착각과 귀족적 삶이 행복의 핵심이라고 생각하는 특권의식이 심각한 사회병폐를 초래하고 있다.

물론 너무 가난해도 생활이 불편해 불행을 느낀다. 누구나 어느 정도의 재산을 모으는데 노력해야 한다. 그렇다고 끝없이 재산만 축적하다가 죽을 수는 없다. 어느 정도가 가장 적합한 재산일까?

바로 행복재산의 개념이다.

그것은 너무나 간명하다. 국민의 평균재산이면 족하다. 여기서 더 욕심을 부린다면 3~3.5배가 최대의 재산이 되어야 한다. 그 이상의 재산을 쥐려하는 자가 행복할 확률은 '낙타가 바늘구멍으로 들어갈 확률'이라는 사실을 인식하고 더 모으려 하는 이유를 깊이 생각해 봐야 한다.

이 세상에서 가장 행복한 삶은 서민적 삶에서부터 비롯된다는 사실을 깨우쳐야 한다.

행복재산을 뛰어넘은 귀족적 삶은 끝없는 물질욕구의 노예가 되어 버리기 때문이다. 그리고 물질을 바탕으로 귀족적 삶에 탐닉하면 할수록 자녀들에게 삶의 가치를 민낯으로 보여 줄 수가 없고 서민적 인내의 의미를 알려줄 기회가 줄어들어 서민적 소통이 결핍된 자녀로 성장시키는 동시에 주위사람들을 그만큼 빈곤하게 만들어 서민을 물질적으로 불행하게 만드는 간접적 요인이 된다.

주위를 불행하게 하는 자가 어찌 행복할 수가 있단 말인가?

우리는 행복재산의 개념이 사회전반에 얼마나 중요한 영향을 미치는지를 깨우쳐야 한다.

신정치인의 근본개념이 되어 대중들의 귀감이 되어야만 사회적 행복이 저절로 찾아든다.

003

행복재산의 개념이
정치무대에서 토착화되면

정치인들이 행복재산의 개념을 확신한다면(있는 돈도 남이나 국가나 당에 헌납하는 자들이라면) 세상은 달라진다. 업자들은 정치인을 돈으로 매수할 로비는 절대로 하지 않게 된다. 그리고 무슨 단체에서 보좌관을 통해 기부를 부탁하는 일이 전혀 없어진다. 선거철이 되면 돈의 힘을 발휘하지 못하고 거의 자원봉사자들만으로 구성하여 선거운동이 벌어지니 진정성이 바로 보인다.

그러므로 행복재산의 개념이 정치인들의 기본철학으로 자리매김이 되면 엄청난 정치개혁이 저절로 이루어진다. 묘비에 국회의원을 지냈다고 새기고 싶은 탐욕적 정치인들이 사라지고 국민들로부터 존경받는 정치인들로 채워진다.

서민을 정치의 중심에 둔 정치가 시작되고 정치를 증오했던 국민들의 다수가 정치에 진정으로 관심을 가지며 국민의식이 높아진다. 국민들도 행복재산의 개념을 따르게 되어 나눔과 화합과 평등을 노래할 것이다. 이 얼마나 놀라운 일인가? 행복재산의 개념 하나가 온 세상을 바꾸는 계기가 될 것이다. 이러한 행복재산의 개념이 확실한 정치인이어야만 신정치인의 기본적 자격이 있는 것이다.

노트

004

행복재산의 개념이 사회주의라고?

사실 사회주의와 민주주주의를 구분한다는 것은 매우 조심스럽다. 젓가락과 숫가락을 따지는 것이다. 음식을 먹을 때 둘 다 필요하듯이 국민의 행복을 위해서는 필요한 정치개념들이다. 그러나 이 두 개념을 학생들에게 흑백이론으로 가르쳐서 사회갈등을 부추기는 시발점이 되기도 한다. 지식인들은 구인문적 흑백교육이 얼마나 치명적인지를 깨달아야 한다.

이런 구습적 관점에서라도 따져보자. 민주주의의 가장 큰 맹점이 무한소유를 인정해 주는 것이라면 사회주의의 가장 큰 맹점도 있다. 법의 규제를 통해 사회적 공평을 강제로 달성시키려는 것이다.

그러나 행복재산의 개념은 공평을 강제하는 사회주의적 개념이 아니라 개개인의 자유의사로 자연의 이치를 따르는 삶의 지혜를 응용했을 뿐이다. 인간사회에서 누가 누구를 강제한단 말인가?

005
'행복재산의 개념'을 수용하면 좋아지는 사회현안들

1. 정치인들의 재산이 하향평준화되어 이념투쟁이 줄어들고 소통이 더욱 원활해져서 대화와 화합의 장이 열리고 법안(특히 경제)을 바라보는 시각도 공감대가 빨리 형성되어 각종 법안처리가 급물살을 탄다.

2. 물질 나눔의 정치개념이 공직사회는 물론 일반인들의 재산의식까지 영향을 미친다.

3. 재산이 일정금액으로 수렴되어 있으니 더 이상 큰 비리를 저지를 수가 없고 저지를 이유도 없다.

4. 공직사회의 비리가 급격히 줄어들고 희생과 봉사의 진정한 의미를 깨우치게 된다.

5. 기업주의 의식도 달라져서 사회 환원이 크게 늘어나고 산업쓰레기 등 환경에도 많은 신경을 쓰게 된다.

6. 재산이 많은 자들이 정치인들의 눈치를 보기 시작하고 나눔을 오히려 홀가분하게 느끼기 시작한다.

7. 삶의 가치가 '물질의 부'에서 '영혼의 부'로 전환되는 시발점이 된다.

8. 부자들이 소외감을 느끼기 시작하고 강남족이 점차 사라지며 귀농하는 사람들이 늘어나 도시 집중화가 저절로 해소된다.

9. 책읽기와 글쓰기가 확산되어 각종 시민문화가 급속도로 업그레이드된다.

10. 돈의 문화에서 사랑의 문화로 전환되어 인간미가 넘치는 사회로 발전되며 출산률이 늘어나고 사회범죄는 급격히 줄게 된다.

11. 서서히 줄어들게 되는 사회복지비용을 교육예산으로 늘려 국민의식의 고평준화와 고품격화로 향하게 된다.

12. 국민들도 욕설을 퍼부을 대상(정치인)이 사라지면서 책임전가의 빌미를 잡지 못하니 결국 자기관리(스스로의 문제)에 초점을 맞추기 시작한다. 국가예산의 충당 없이도 이러한 사회문제가 전반적으로 해소되고 건강한 국가가 건설되니 정치인의 행복재산의 개념(국민평균재산의 3~3.5배가 최대치로 생각하는 개념.)이 얼마나 중요한가?

정치인들이 이렇게 간단한 일을 놔두고 왜 그리도 어려운 길을 택해 둘러서 가는가? 소유재산의 자유이념을 그토록 신봉하기 때문인가? 그렇지 않다. 물질탐욕 말고 무엇이 있겠는가!

006
'행복재산의 개념'을
계속 강조하는 이유

자신의 많은 재산을 나누고 행복재산만을 가진 정치인이라고 해서 모두 훌륭한 정치인이라고는 말할 수는 없다. 그러나 그중에는 반드시 훌륭한 정치인이 나온다. 그러나 행복재산의 개념을 비웃고 자신의 재산을 많이 보유한 정치인 중에는 훌륭한 정치인이 단 한 명도 나오지 않는다.

선거철만 되면 국민을 섬기겠다고 맹세하고 다짐하는 그들이 국민평균 재산의 수십 배 이상을 끌어안고 있다면 이미 섬김의 자세가 아니다.

이렇게 원천적 모순을 지니고 무슨 섬김의 정치를 외치고 있는가? 정치 무대에 올라가서 아무리 헌신과 희생을 외쳐도 행복재산의 개념보다 더 의미 있는 헌신과 희생은 없기에 이 개념을 당연히 받아드리는 정치인들 중에서 진정으로 존경받는 훌륭한 정치인이 탄생된다. 훌륭한 정치인들이 연이어 탄생되지 않는 정치무대는 국민을 고통의 구렁텅이로 몰아넣는 쓰레기 집단에 불과하기 때문이다.

이 세상에는 화합을 위해 타협해야 될 것과 타협해선 안 될 것이 있다.

줄기가 땅속으로 들어가겠다는 것은 타협의 대상이지만 뿌리가 줄기처럼 땅위로 끝없이 오르겠다는 것은 타협해서는 안 된다. 바로 행복재산의 개념이며 이것이 유지되지 않을 시에는 오늘날 정치무대처럼 모두 무너져 내린다. 그리고 어디에서부터 정돈해야 할지를 점점 알 수가 없어지는 것이다.

노트

- -
- -
- -
- -
- -
- -
- -
- -
- -
- -

007
행복한 사회와 불행한 사회

행복한 사회란 지혜 속에 피어나는 사랑과 공평을 최고의 가치로 생각하는 문화적 사회를 말하며, 그곳에는 물질과 직위와 이권이 힘을 발휘할 수가 없다.

이러한 행복한 사회에서 이루어지는 대화의 주류는 문화의 향취와 지식과 지혜의 다양성이며, 이를 위해 서로 소통하는데 열정을 쏟고 그 수준을 높여 가는 가운데 즐거움을 만끽한다.

그러나 불행한 사회에서 이루어지는 대화의 주류는 문명의 이기와 물질과 직위와 재주의 다양성이며, 이에 대한 정보를 서로 교환하는데 목숨을 바치고 그 목적을 쟁취하는 가운데 즐거움을 만끽한다.

전자의 사회조직은 행복과 문화의 개념을 기반으로 하였기에 물질의 상대적 분배가 자연스러워 공평한 사회로 수렴하나 후자의 사회조직은 행운과 문명의 개념을 기반으로 하였기에 물질의 상대적 분배가 부자연스러워 불공평한 사회로 발산된다.

전자의 사회조직은 영혼의 가치에 무게를 두기에 있는 자와 없는 자의 대화의 초점이 일치하여 소통과 화합과 공평의 사회로 나아가지만 후자의 사회조직은 물질의 가치에 무게를 두기에 있는 자와 없는 자가 기름과 물처럼 갈라지고 대화의 초점도 다르기에 불통과 분열과 양극화 사회로 향한다.

노트

008

외눈박이와 양눈박이의
개념이 바뀌어야

오늘날 절대다수의 인간들은 외눈박이의 삶을 살고 있지만 스스로는 양눈박이로 생각하고 있다.

그들은 재물과 명예를 획득하기 위해서 배우는 것이고 명문대 입학은 '가문의 영광인 동시에 성공과 행복의 첩경'이라고 확신하며 자녀의 합격을 위해 부처나 예수를 찾아가 합격을 비는 자도 있다. 그리고 이런 행위들을 자식들에게까지 부끄러움도 없이 당당히 말한다. 절대다수의 통념이기에 군건한 상식이 되었고 대중을 이끌어야 할 지식층은 더욱 심각하다. 이러한 변질된 상식은 자본주의의 틈새와 주파수가 맞아떨어져서 대중들에게 더욱 널리 번졌고 인간사회는 심각한 탐욕주의에 빠져 있다. 이러한 사회는 변질된 이성에서 파생된 변질된 상식을 사회적 통념으로 믿어 이중성과 모순에 빠져들기에 스스로가 외눈박이인지를 깨달을 수가 없다.

그러므로 진정한 양눈박이를 위험한 비현실주의자로 취급하면서도 '비현실적 현실'을 어쩔 수 없는 현실로 인정하며 아무런 꿈도 이상도 대안도 없이 서서히 무너져 내린다.

물론 극소수 양눈박이들도 있다. 그들은 '배움이란 생존을 위한 축적의 차원을 넘어 영혼과 물질을 나누는 지혜를 얻기 위한 것.'이고 취업이나 가문의 영광을 위한 명문대는 사라져야 하며 개인의 부귀영화나 사후세계를 위해 종교를 믿는 것은 매우 부끄러운 일이라고 확신한다.

그리고 꿈과 대안을 반드시 가지고 있다.

그러나 절대다수 외눈박이들은 이러한 개념을 이루어질 수 없는 환상이라고 비웃는다. 재물과 명예를 가질 수 없는 무능한 자의 변명이며 세상물정도 모르는 먹통이나 아웃사이더들의 궤변으로 일축해 버린다.

이와 같이 외눈박이와 양눈박이는 '배움의 개념'부터 서로가 다르니 배울수록 서로가 더욱 멀어지고 불통이 된다.

더욱 심각한 문제는 이러한 갈등과 불통을 해결할 능력이 결핍된 외눈박이들이 사회 각 분야의 리더로 채워진다는 것이다. 외눈박이 대중들은 외눈박이 리더들의 탐욕적 삶을 거부감도 없이 자신의 성공모델로 삼으며 긍정적 지지를 하고 있는 것이다.

이러한 외눈박이 인간사회를 양눈박이 사회로 변화시키는데 가장 큰 장애물이 되어 버린 제도가 있다. 바로 민주주의의 핵심인 '다수결 제도'다. 외눈박이가 절대다수인 인간사회에서의 다수결 제도는 외눈박이의 개념을 존중하는 사회제도를 벗어날 수가 없어 포퓰리즘을 양산시켜 국가를 파멸로 몰아가는 위험성을 안고 있다.

'대다수가 찬성하는 길은 바른 길이다.'라는 개념은 양눈박이 인간사회일 때 성립되는 논리이기 때문이다. 이와 같이 외눈박이 리더가 인간사회를 이끌게 된 이유는 무엇일까? 사회를 위한 나눔의 원칙과 철학의 중요성을 명쾌히 알려주기보다 개인적 축적과 성공에 초점을 맞추어 지식경쟁만

시키고 있는 '외눈박이 교육제도' 때문이다.

양눈박이 사회로 나아가기 위해서 가장 필수적인 교육은 바로 인성교육이다. 그러나 오늘날 인성교육의 내면을 들여다보라.

인성교육의 핵심인 윤리나 도덕교육에 심각한 결함이 존재한다. 겸손과 양보와 예절과 감사의 정체성 속에 철학적 논리가 성숙되어 있지 않다는 것이다. 권위주의적 전통이나 맹목적 암기수준의 인성교육에 불과하다. 이러한 관습적이고 비논리적인 인성교육을 받아 기성인이 되면 겸손과 양보와 예절과 감사의 개념을 사교술이나 위선술 그리고 아부의 개념으로 변질시켜 탐욕의 수단으로 사용하게 된다.

'왜 인간사회에는 겸손과 양보와 예절과 감사의 영혼이 필요한가?'에 대한 철학적 근거를 정립시키는 인성교육 시스템을 완성하지 못하면 인간사회의 혁명적 개혁을 바랄 수가 없다.

이러한 개혁이 거의 불가능한 핵심적인 이유가 있다. 바로 외눈박이 정치리더들로 가득 차 있기 때문이다. 그들은 영혼의 터를 닦는 인성교육을 시켜야 한다고 목청을 높이지만 그 시스템을 완성시킬 수 있는 정치철학적 논리를 갖추지 못하고 있다. 바로 외눈박이 리더의 한계이기 때문이다.

그러나 이제는 달라지고 있다. 대중들은 언론과 지식의 발달로 논리와 사색의 눈을 뜨기 시작했다. 외눈박이 정치리더들의 부조리와 정치적 무능을 간파하기 시작했다. 여태까지 고통과 갈등과 분열과 불통만을 안겨주는 외눈박이 정치리더들에게 진저리를 내고 있다.

바로 양눈박이 정치리더를 찾고 있는 것이다. 양눈박이 정치리더가 나타나면 가장 먼저 교육의 혁명을 일으킨다. 그중에서도 인성교육에 철학이라는 뼈대를 심는데 목숨을 걸 것이다. 진정한 인성교육이 교육현장에서 활성화되면 서서히 양눈박이 인간사회로 복원되고 사회의 각분야에는 자연스레 양눈박이 리더들로 가득하게 된다는 것을 알고 있기 때문이다.

이러한 인간사회로 발전되면 '다수결 제도'의 가치가 되살아나 각종 사회제도에 혁명적 변화가 일어나고 포퓰리즘이 먹혀들지 않는 성숙한 민주주의가 도래된다. 상식의 개념이 통합되어 소통의 시대가 오기 때문이다.

노트

- -
- -
- -
- -
- -
- -
- -
- -
- -
- -

009
불통 정치인은 참회해야

가장은 가족에게 두 가지 리더십을 발휘해야 한다.

바로 풍요로운 물질과 정신세계다. 이것은 결국 경제와 소통을 의미한다. 경제적 안정과 원활한 소통이 화목의 쌍두마차인 것이다. 그러나 그 두 가지 중에 어느 것이 더 중요한가를 묻는다면 두 말할 것도 없이(굶어야 하는 상황이 아니라면) 소통이다. 가족의 행복은 경제지수에 비례하는 것이 아니라 소통지수에 비례한다는 것이다.

탁월한 소통이 있는 가정은 부유하든 가난하든 사랑과 존경이 싹트는 아름다운 가정을 꾸민다. 그러나 어떤 가장들은 경제적 풍요가 가정의 화목에 우선적으로 중요하며 그것만 이루면 소통은 쉬워진다고 말한다.

사실 어떤 가장들이 아니라 절대다수 가장들의 생각이다. 가정을 위해 경제적 풍요에 성공하면 그 자체가 훌륭한 소통이라고 생각하고 있는 것이다. 그러나 부유한 가정이라도 소통의 결핍으로 가정이 무너지는 경우가 많으며 가정이 유지가 되어도 부인이나 아이들이 '아빠와 소통은 잘 되지 않는다.'고 생각하고 있다면 소통을 잘하고 있다고 스스로 자신하는 가장도 소통결핍자임이 틀림없다.

이와 같이 가족에게 소통의 능력을 인정받지 못하는 가장은 아무리 경제적 풍요를 가져와도 가족에게 정신적 결핍(불통의 괴로움)을 주기에 존경과 사랑이 피어나는 가정을 만들 수가 없다.

소통의 확장은 지혜의 확장을 의미하며 지혜의 확장은 끝없이 배우고 익히며 사색하는 것 말고는 그 어떤 지름길도 없다.

소통능력이 없는 가장은 가족과의 대화를 꺼려하거나 일방적 대화만을 즐기며 쌍방향의 대화를 이끌어내지 못한다.

이러한 불통자는 경제적 풍요를 떠나 가정의 화목에 결국 실패하니 가족들에게 참회해야 한다.

정치 또한 마찬가지다. 정치인은 그 나라의 경제와 소통을 책임지고 있다. 그러나 경제는 경제전문가를 시켜서 대행시킬 수도 있지만 국민과의 소통은 직접 챙겨나가야 한다. 소통력이란 국민의 마음을 꿰뚫어볼 수 있는 능력이다. 국민이 무엇을 원하며 어떤 언행을 해야 하는지를 알고 있기에 정치적 성공의 지름길이다.

물론 절대다수의 국회의원들이 국민과의 소통을 위해 노력하고 있는 것은 부인할 수 없다. 그러나 국민이 그 마음을 알아주느냐가 더 큰 문제다.

국민의 눈에 옳은 정치인으로 보이지 않고 국민을 위하는 정치인으로 느끼지 못한다면 국민을 위해 평생을 바친 정치인이라도 정치를 잘못하고 있는 정치인이며 그 위치를 꿰차고 앉아 있었던 기간 동안 국민에게 괴로움만 준 정치인이다.

정치인 자신은 국민을 위해 정말 열심히 했는데 국민이 인정해 주지 않는다는 것은 정치무능이거나 국민의 마음을 제대로 읽지 못하는 불통자라는 결론이다.

불통 정치인은 자신이 아무리 진정해도 국민들은 그 진정성을 전혀 느끼지 못하기 때문이다.

이명박 대통령이 그랬다. 정치적 사색을 전혀 무시하고 눈만 뜨면 하염없이 일만 했다.

경제를 중시하며 직접 챙겼던 지도자였지만 국민과의 소통능력이 없는 지도자였기에 그 자리를 꿰차고 있었던 시절을 부끄러워하고 참회해야 한다.

010

원천적 불통과 소통의 시작

정치의 근간은 국민과의 소통이다. 얼마만큼 소통이 되느냐가 정치의 관건이다. 구정치도 국민과의 소통에 역점을 두고 있다. '국회의원 특권 내려놓기' 기구를 만드는데 여야가 합의했다고 한다. 이것 또한 국민과의 소통을 애원하는 정치인들의 몸부림이다. 잘되기를 바라지만 그것 하나만 잘됐다고 해서 소통이 원활해질 수는 없다. 그리고 더 중요한 것은 국민들이 그러한 정치인들의 노력이 단지 쇼로 끝날 것이라고 생각하는 것이다. 왜 이렇게 국민과 정치인 사이에는 원천적 불통이 자리잡고 있을까?

그 이유는 너무나 간명하지만 정치인들은 전혀 눈치 채지 못하고 있다.

돈 많은 갑부 국회의원들이 다수를 차지하는 정치무대라면 특권 내려놓기는 이미 허울뿐이다. 왜 그럴까? '갑부의 영혼' 자체가 특권을 위한 축적이라는 사실을 스스로가 모르고 있기 때문이다. 과도한 부는 특권을 찾아 헤매는 습성과 필요불가결하게 연결되어 있는 것이다.

구정치인들은 '특권 내려놓기' 기구를 설치하기 이전에 스스로를 들여다 보아야 한다. 작금의 정치영혼으로는 소통은 불가능하다는 의미다.

소통의 시작은 스스로가 정치인 이전에 백성임을 깨달아야 하고 그것은 곧 '서민적 영혼'이 뼛속까지 스며들어야 가능하다는 것이다.

노트

_____

_____

_____

_____

_____

_____

_____

_____

_____

이념은 소통과 화합을
위해 존재할 뿐

불교신도들이 모여 화합의 자리를 마련하는 축제의 장이 열렸다. 무대에서 가수 설운도가 노래를 시작하려 하는데 무대 뒤에서 승복을 곱게 입은 스님이 갑작스레 뛰어나와 함께 춤을 멋지게 춘다. 승무가 아니다. 트로트에 맞춘 디스코다. 엄청난 연습을 한 실력자다. 박수갈채가 쏟아져 나온다. 노래 속에 녹아든 스님의 춤사위가 그렇게 관중을 감탄케 한 이유는 무엇인가? 바로 어울리지 않는 듯한 어울림이다. 이처럼 종교도 자신의 정체성의 일부분을 포기하면서까지 대중들과 함께 즐거움을 주려 애쓰는데 자신의 이념에만 굳어진 정치는 국민의 이맛살을 찌푸리는 일들만 하고 있다.

국민들에게 존경과 감동을 주는 정치는 간단하다. 자신의 정치이념에 집착해서는 안 되며 디스코를 즐기는 스님처럼 가끔씩 무장해제해야 할 때가 있다. 사랑이 소통의 촉진제이지만 집착을 하면 최고의 불통제가 되는 것과 같다.

자신의 종교나 정치이념을 아무리 아름답고 완벽하게 치장하면 치장할수록 근본

적 불통일 뿐이다. 이념은 소통과 화합을 위해 존재한다는 사실을 굳게 믿는 자만
이 신정치인이다.

이러한 명쾌한 논리를 잘 풀어나가는 것이 정치력인 것이다.

노트

- -

- -

- -

- -

- -

- -

- -

- -

- -

- -

012

경제는 맡기고 정치만 품어야

채소, 과일 장사를 하다 보면 손님들 때문에 묘한 생각에 잠길 때도 있다. 가격에 구애받지 않고 무엇이든지 팔아주려는 손님이 있는가 하면 무조건 싸야만 사는 손님이 있다. 그러기에 첫째손님에게는 제값을 받을 수 있고 둘째손님에게는 제값을 받을 수 없다. 제값을 받으려 하면 말도 없이 그냥 가버리기 때문이다. 그래서 첫째손님이 오면 제값을 다 받고 둘째 손님이 오면 제값도 못 받고 싸게 팔아버린다. 미운 놈 떡 하나 더 준다는 얘기가 여기에 딱 어울린다.

그러므로 인간적으로 신뢰하거나 좋아해서 팔아 주는 첫째손님에게 미안할 때가 있다. 이 사실을 알면 기분이 상할 것이다. 그래서 보상의 개념으로 싱싱하고 맛있는 과일이 좀 싸게 나올 때 연락해서 과일을 공급해 준다. 그리고 둘째손님에게는 연락하지 않는다. 첫째손님은 장사꾼의 인간성과 신뢰성을 보고 사지만 둘째손님은 그런 것에는 안중에도 없다. 물론 둘 다 계산은 하겠지만 전자는 정치적 개념을 우선하며 인간적 대접까지 받고 맛있는 과일을 싸게 먹는 정보까지 얻는다면 후자는 경제적 개념에만 집착하여 좋은 정보도 얻지 못하고 대접받지도 못한다. 첫째손님을 밖에서 우연히 만나면 행복감이 충만해지고 즐거워 대화를 나누지만 둘째손님을 만나면 그 반대다. 정치 또한 첫째손님의 마음이어야 한다. 지도자가 경제발전에 지나치게 집착하여 구체적인 숫자까지 제시하며 일일이 간섭하는 것은 무능한 정치인일 수밖에 없다. 경제를 담당하는 훌륭한 책임자에게 자신의 경제철학만 알려주고 맡겨 놓으면 된다. 경제 분야는 목표대로 되지 않는 경우가 많아 지도자의 말이 국민에게 거짓으로 인식될 수 있어 신뢰가 무너지는 일이 허다하고 이는 곧 정치적 신뢰까지 영향을 준다.

그리고 더욱 중요한 이유가 있다.

정치 분야만으로도 임기 내내 밤을 새워야 할 정치적 과제들이 즐비하기 때문이다.

국민과의 신뢰와 소통을 위해서라도 가능한 한 경제는 전문경제인에게 맡기고 정치는 직접 챙기는 정치지도자가 되어야 한다.

013

신정치는 인내가 아닌 용서와 이해

음식 끝에 마음 상한다는 말이 있다. 개업한 가게에서 주위 상가에 모두 떡과 수육을 나눠 주다 어느 한 곳을 실수로 빠뜨렸다고 하자. 떡과 수육을 받지 못한 가게주인의 성품에 따라 3가지 반응이 나타난다. '평소에 내가 잘못 살았나?'라고 깊이 생각하는 사람이 있고, '언제 한번 보자. 너도 당해 봐야 알지.'라고 생각하는 사람도 있으며, '뭐 그럴 수도 있겠지.'라고 생각하는 사람도 있다.

첫째 사람은 자신에게 뭔가 흠이 있는가를 생각하는 사람이고, 둘째 사람은 자신의 흠도 모르고 나대는 사람이며, 셋째 사람은 용서와 이해를 잘하는 사람이다. 결론적으로 말하자면 자신이 평소에 이웃에게 베풀며 잘 지내고 있는 사람은 떡과 수육을 받지 못해도 그렇게 마음이 상하지 않는다. 상대방이 좀 부족해서 일어나는 실수는 가볍게 받아들이는 여유를 지니고 있으니까. 그러나 탐욕이 많거나 지혜롭지 못한 사람은 실수이든 고의든 자신을 홀대했다고 여기며 마음이 매우 상하여 복수심을 가진다.

신정치인도 마찬가지다. '저 친구가 자신의 출판기념회에 나를 초청하지 않았어.' '저 친구 자신이 주최한 정책세미나에 나를 부르지 않았어.' '저 친구 많은 사람들 앞에서 내 의견을 묵살했어.' '저 친구 나한테 투표하지 않았어.' 이러한 개념에 집착하는 자는 신정치인이 될 수 없다.

'언젠가는 내가 이해시킬 자신이 있어. 그러니 지금은 용서와 이해로 넘어가야만 해.' 이러한 확신을 가지고 있는 자만이 신정치인인 것이다.

그래야만 진정한 대화가 시작되어 진정한 소통으로 끝이 나니까. 내가 상대방을 신뢰하려 애쓰고 상대방이 나를 신뢰해 줄 때만이 국민을 위한 정치를 시작할 수 있으니까.

014

신정치와 소통

최초의 인간 호모사피엔스는 성대의 기적이라는 퍼즐의 마지막 조각을 완성시키면서 탁월한 소통에 성공했고 대화와 토론을 통해 강력한 결집력과 전략을 만들어 지구촌으로 퍼져 나가기 시작했다.

그러나 가는 곳마다 걱정되는 존재가 있었다. 바로 성대가 완벽하지 못해 소통이 잘 안 되는 유사인간들(예를 들면 네안데르탈인)이다.

이들은 호모사피엔스와 동시대에 공존하며 먹이사냥을 하였기에 현실적으로 충돌이 일어나는 경우가 허다했다. 호모사피엔스는 유사인간들과의 교류와 합의를 통해 평화로운 공존을 모색하려 했지만 불가능했다.

그들은 몸집이 크고 힘도 세며 도구까지 사용할 수 있었지만 섬세하고 다양한 발성을 할 수 있는 성대를 가지고 있지 못해 이해관계가 복잡하게 얽힌 섬세한 소통을 할 수가 없었기 때문이다. 이러한 소통부족이 지속될수록 서로(호모사피엔스와 네안데르탈인)의 오해와 불신은 두려움으로 증폭되었으며 서로를 살상하는 사태로 악화된다.

결국 무리들끼리의 소통이 더욱 섬세한 호모사피엔스가 탁월한 조직력으로 유사

인간들을 멸종시킬 수밖에 없었다. 합의를 도출할 수 없는 상황에서 생존에 대한 불안과 공포를 종결지어야 하는 몸부림이었기에 선악의 문제로 다가갈 사안은 아니었다. 그리고 호모사피언스는 이 땅의 완벽한 지배자로 등극하며 평화를 누린다.

그러나 인간은 또 다른 불통 속을 헤매며 대혼란에 빠지게 된다. 바로 인간과 인간 사이의 불통이다. 씨족과 씨족 그리고 부족과 부족 사이의 경계선에서의 마찰이다. 제각각의 다른 언어와 관습을 가지고 있었기에 양보하기 어려운 중요한 이념이나 제례의식이 충돌하게 되면 소통이 원활치 못해 합의가 힘들게 되고 결국 큰 싸움이 벌어졌다. 그리고 언어가 더 발달되어 소통이 탁월한 씨족이 그렇지 못한 씨족의 이념과 의식을 흡수하면서 부족이 된다.

이와 같이 언어와 관습이 다른 인간들 사이의 이념차와 물질욕이 갈등을 증폭시켜 불통의 원인이 되고 급기야 전쟁이 출현한 것이다. 인간의 역사가 전쟁의 역사라고 할 만큼 많은 희생을 치르고 엄청난 문화가 파괴되어 사라진 원인이 바로 불통이라는 것이다.

그렇다면 정보의 발달로 인해 언어의 세계화로 발전된 오늘날의 소통은 어떠한가? 역시 종교와 이념간의 불통이 가장 심각한 문제가 되고 있다. 과거보다 더 격화되고 대형화되어 테러와 전쟁으로 치닫고 있다. 이슬람 세력권(이란, 이라크, 팔레스타인 등)과 기독 세력권(미국, 영국, 이스라엘)의 갈등이 대표적 사례다.

마지막으로 자본주의의 개념이 대중들에게 잘못 전달되어 사회전체에 탐욕(변질된 욕심)이 번지면서 탄생된 양극화는 있는 자와 없는 자를 분리시키며 불통의 원흉이 되고 있다.

사회적 그리고 환경적 여건으로 엄청난 부를 축적한 자들이 오로지 자신의 능력

만으로 성공을 이루었다고 착각하며 더 많은 축적으로 더 큰 저택과 높은 담을 쌓고 스스로가 인간적 소통을 멀리하는 것이다.

물론 그들도 최소한의 나눔을 행하고 있다. 그러나 축적과 독식이라는 목표에 대한 수단으로 사용할 뿐이다. 그들끼리만 모여 있을 때는 '게으르고 무능하기에 가난하다'라는 단순한 논리로 자신들의 부지런함과 인내력을 자랑하며 스스로 불통 속에 빠져든다.

그들의 자녀들 또한 고급 요리나 명품을 손쉽게 즐기고 문명의 이기로 탄생된 스포츠(골프와 요트, 승마 등)를 놀이삼아 스스로가 귀족인 듯 착각하는 '가엾은 자부심'으로 가득 차 있다.

이들은 된장국과 김치국 그리고 콩나물국과 무국으로 단련된 서민들과의 불통을 뿌듯한 이질감을 느낄 정도다. 이와 같이 그 어떤 시련의 체험도 없이 고고해진 불통의 탐욕자들은 영혼과 영혼을 연결시키는 철학적 대화를 우둔하고 게으른 자들이 즐기는 소모적인 논쟁일 뿐이라고 비웃는다.

오로지 물질에 대한 축적과 정보와 투자와 과시에 대한 대화에 열을 올린다. 결국 불통의 씨앗은 거목이 되어 인간의 목을 조르고 있는 것이다.

이처럼 호모사피언스에서부터 오늘날의 현대인까지 끝없는 갈등과 분열과 전쟁을 일으키고 사랑과 평화를 짓밟은 원흉은 바로 불통이었던 것이다.

그렇다면 신정치란 무엇인가? 바로 불통의 뿌리를 찾아내고 뽑아내어 소통의 사회로 개혁하는 작업에 생명을 바치는 정치다.

015
구정치인은 제사장의 후예

　인간사회가 처해 있는 당면과제의 원인을 규명하려면 인류사를 뒤적거리면 금방 답이 나온다. 2~3만년 전의 일이다. 강줄기를 따라 서로 다른 씨족이 살고 있었다. 왼쪽에는 300여명 정도의 씨족이 살고 오른쪽에는 200여명 정도의 씨족이 각자의 신을 모시고 행복하게 살고 있었다. 제사장도 달랐다.(이 시기에는 정치인이 없었다.) 왼쪽은 소머리를 우상화했고 오른쪽은 독수리를 우상화했다. 그런데 왼쪽 씨족은 살기가 힘들었고 오른쪽 씨족은 풍족했다. 강의 오른쪽이 기름지고 고기도 많이 잡혔으니까. 가끔씩 소머리 씨족이 배가 고파 오른쪽으로 몰래 들어와서 고기를 잡아가다가 독수리 씨족에게 들켜 두들겨 맞거나 죽임을 당했다. 이에 격노한 소머리 제사장이 무장을 하고 독수리 씨족을 공격하는 일이 자주 발생한다. 먹고살기 위한 방편이었지만 감정의 골이 깊어지고 두 씨족의 평화는 사라진다. 소머리 씨족의 제사장은 자신의 신변보호를 위해 보초병을 세우고 무장군을 조직하며 일치단결을 위해 율법을 강화하고 충성서약을 받는다. 힘이 강해진 제사장은 옷과 두건과 각종 장식품을 두르고 권위를 과시하기 시작했고 오늘날의 교황의 옷이나 왕관(권위주의의 탄생)으로 발전한다. 소머리 신에게 간곡히 빌며 독수리 씨족을 몰살시키거나 흡수통합의 방안을 짜낸다. 그 이후부터 서로 원수가 되며 자신의 신은 신이요, 상대방의 신은 귀신으로 여긴다. 신은 의지할 수 있지만 귀신은 두려운 것이다. 씨족이 다른 씨족을 몰살시키거나 통합시켜 커지면서 부족이 탄생된다. 제사장의 힘은 더욱 강해지고 그가 모시는 신 또한 더욱 강해진다. 그리고 부족간의 전쟁이 심화되고 엄청난 살육이 시작된다. 모두 신을 만든 이후로 평화가 사라진 것이다. 처음부터 탐욕이 있어 종교를 만든 것은 아니지만 결국 탐욕을 부르고 공포에 떨며 또 다시 보호해줄 신을 부르짖고 있는 것이다.

오늘날의 정치무대가 그렇다. 여야가 서로 불신하고 원수처럼 증오하며 정치를 하니 무슨 정치가 제대로 되겠는가? 자신은 신이고 상대는 이해할 수 없는 귀신처럼 보이니 싸움질밖에 더 하겠는가?

신정치는 제사장이 나타나기 이전의 평화로운 인간 사회 속에서 자연스레 피어나는 소통을 모델로 삼는 정치이며, 신정치인은 그러한 소통을 위해서라면 그 어떤 고통도 감수하는 동시에 불통의 뿌리를 제거하는데 목숨을 바치는 자다.

016

추대와 선거 그리고 신정치

지금으로부터 2060여년 전에 경주지역은 6개의 부족장이 장악하고 있었다. 예수가 태어나기도 전이다. 부족들의 성씨는 이씨, 최씨, 손씨, 정씨, 배씨, 설씨다. 6부 촌장들은 함께 뭉치는 것이 외부로부터의 침입에 훨씬 유리하다는 공감대가 형성되었고 가장 민주적 방법을 고민하고 있었다. 그리고 많은 숙고 끝에 박혁거세를 초대 왕으로 추대한다. 그들의 성과 다른 박씨에게 나라를 맡긴 것이다. 민주주의의 역사를 서양에서 찾고 있지만 진정한 민주주의는 바로 여기에 있다.

그러나 오늘날 민주주의는 선거에 방점을 두고 있다. 선거를 민주주의의 꽃이라고들 하는 이유다. 과연 그 말이 옳을까? 선거 때문에 오히려 망해 간다고 말할 수 있다. 민주주의의 핵심은 서로의 의견을 존중하여 화합을 이끌어내는데 있지만 선거과열로 인해 갈등과 분열과 반목이 증폭되고 있다. 한마디로 선거후유증이 심각하다. 그 이유는 너무나 간명하다. 정치무대로 뛰어드는 자들의 절대다수가 자본주의적 성공을 한 자들로서 수신제가의 영혼이 기본적 정치철학으로 다져 있지 않기 때문이다.

그들은 승리하는데 목숨을 거는 자들이며 법적인 하자가 없는 한 무슨 방법과 수단을 악용해서라도 1등을 하는데 집착해 있다. 일단 선거에 이기고 나면 선거후유증은 해소된다고 생각하는 자들이며 절대 그렇지 않다는 것을 잊고 있는 자들이다. 물론 선거는 해야 한다. 그러나 선거후보를 추천하는 방식을 새롭게 개혁해야 한다. '나서려고 하는 자 중에는 쓸만한 인재가 없다'는 진리를 바탕으로 후보가 선출되는 선거개혁이 이루어져야 한다.

그러므로 스스로 나서는 후보가 아니라 가능한 한 당원들의 추대방식을 통해 후보를 뽑고 그것이 불가능할 때만 선거를 하는 것이 바로 신정치의 핵심이다.

바로 '선추대 후선거'제도다.

추대 받는 리더는 주위에 적이 없다는 증거고 조직의 갈등과 분열의 문제가 사라진다. 바로 국민만을 바라보는 정치조직으로 탄생되는 것이다. 이러한 인품이야말로 민주주의의 수호자의 자격증을 소지하고 있는 자이기 때문이다.

017
머리가 두 개 달린 민주주의

　당대표와 원내대표. 하나의 정당에 대표가 둘이다. 당대표는 국민을 대표하고 원내대표는 원내의원들을 대표한단다. 당대표는 당의 외부적 정치를 책임지고 원내대표는 당의 내부적 정치를 책임진단다. 그렇지만 정치는 외부와 내부로 명쾌하게 갈라지는 것이 아니어서 겹치는 역할이 생기기 마련이고 여기에서 마찰음이 시작된다. 좌뇌와 우뇌가 서로 생각이 달라서 충돌을 하게 되면 전전두엽과 해마에 의해 통합의 아이콘을 만들며 해결해 나가는 두뇌와는 달리 두 대표는 정당을 통합하는 전전두엽과 해마의 시스템이 없다는 의미다.

　그래서 서로 뜻이 맞지 않아 다투거나 심리전을 하는 경우가 많다. 하나의 정당에도 계파가 있어 당대표가 매파나 주류이면 이를 견제하기 위해 원내대표는 비둘기파나 비주류를 두는 경우는 더더욱 심하다. 이것은 제동장치를 하면서 동시에 가속기를 밟는 기막힌 현상과 같다. 머리가 둘 달린 괴물의 형상이기에 정당이 신속하고 명쾌하게 구르지 못하고 늘 파열음만 내면서 의사결정도 그만큼 늦어진다. 이러한 편제야말로 옥상옥이다.

　민주주의와 권력분산이라는 명분으로 유지되고 있지만 실제로는 권좌를 좋아하는 구정치인들의 '자리만들기'에 불과하다. 권력분립은 민주주의의 근본이지만 불필요한 권력나눔은 분열과 갈등을 자초하는 민주주의의 폐해다. 승용차에 두 명의 운전기사가 탑승하여 가속페달과 브레이크를 각각 전담하고 도로를 달리는 것과 진배없다.

　하나가 되어야 할 것을 둘로 쪼개어 소통과 화합을 제도적으로 방해하고 있는 것이다. 두 대표간의 대립과 반목을 일삼는 정치뉴스를 접할 때는 구조적 불통에 답답함과 혐오감을 느낀다.

018

소통과 논리와 깨달음

서로 친해진다는 것은 무엇일까?

영혼의 경계를 허물고 무슨 얘기라도 흉금없이 나눌 수 있다는 의미다. 이러한 부인이나 친구나 형제나 연인이나 가족이 있다면 행복하지 않을 수 없다. 서로 다른 육체가 영혼의 경계를 허물고 깊은 소통이 가능한데 어찌 행복하지 않을 수가 있단 말인가? 그러나 새로운 사람들을 만나 영혼의 경계를 허무는 것은 너무나 어렵다.

부부지간에도 대화가 결핍된 경우가 허다하며 처음에는 친하게 만나다가 어떤 대화를 계기로 소원해져 만나지 않는 경우가 비일비재하다. 멀어진 이유가 무엇인지를 깨닫고 있는 자도 있고 그 자체를 모르고 있는 자도 많다.

그 사이에는 불통이라는 장애물이 끼어 있다. 상대방의 언행에서 자신과 맞지 않는 심각한 부분을 발견하거나 자신의 언행에서 상대방과 맞지 않는 심각한 부분이 노출되면 소통에 빨간불이 켜지는 것이다.

그렇다면 자신과 맞지 않는 언행이란 무엇을 말하는가? 바로 상대방의 언행 속에 비논리가 존재한다는 것이며 이러한 비논리가 답답함을 만들어 거부감이나 불쾌감을 불러일으킨다.

이와 같이 불통의 내면에는 비논리가 끼어 있어 갈등과 증오를 만들고 소통의 내면에는 논리의 계단이 가지런하여 만남과 사랑이 끝없이 펼쳐진다.

종교나 이념보다 수학이나 과학이 세계적으로 완벽하게 소통되는 이유도 바로 여기에 있다.

그렇다면 불통에서 벗어나 소통으로 향하는 방도가 있을까? 그것은 너무나도 간명하다. 자신의 삶의 방식 중에서 비논리적 개념을 가려내어 여과해 내는 것이다. 영문도 모르고 맹신하고 있는 것이 무엇이며 사색도 없이 암기하고 있는 것이 무엇인지를 찾아내어 그 이치를 따져 해답을 구해야 한다.

이를 위해 스승이나 선배의 조언 그리고 책과 여행과 체험이 필수적이다. 소통의 영역을 넓혀 나가는 것이다. 이와 같이 참다운 삶은 원활한 소통에서 비롯되고 정치 또한 소통이 가장 우선적 과제다. 소통에 장애가 되는 정치라면 비논리적 정치이며 인간사회를 갈등과 분열로 만드는 정치인 것이다.

그렇다면 깨달음이란 무엇인가? 소통의 폭과 깊이를 확장시키기 위해 이성과 감성이라는 양면의 논리를 조합하는 능력을 배양시켜 누구와도 화합할 수 있는 통섭의 마음을 얻는 것이며, 이것이야말로 신정치인이 반드시 갖추어야 할 깨달음인 동시에 자아실현적 행복에 다다르는 것이다.

019
신정치인이 지녀야 할 통섭의 소통력

서로가 신뢰하고 사랑하는 2쌍의 부부가 있었다.

늘 품격 있고 조용한 대화를 즐기는 부부와 가끔씩은 거친 욕설도 즐기는 부부다. 전자는 항상 얼굴에 미소가 흐르고 이성의 물결이 넘쳐 흘렀다. 후자에게도 그런 부분이 있지만 때로는 싸우듯 큰 소리도 나오고 큰 웃음도 흐른다. 전자는 의복에 많은 정성을 들이고 서로 존대말을 쓰며 어른스러웠지만 후자는 간편한 옷차림을 즐기고 서로 반말도 섞어 가며 어린아이들처럼 살았다.

전자는 주위사람들 중에 품격 있는 일부분만 대화했고 후자는 모든 사람들과 격의 없이 대화했다. 동네사람들은 전자를 학부부라 칭했고 후자를 강아지부부라고 불렀다. 그런데 전자에게 가끔씩 문제도 생겼다.

한번 말을 안 하면 수개월 동안 침묵의 부부였다. 무슨 이유인지 모르겠지만 서로의 자존심 싸움인 것은 분명했다. 그들은 상대방 때문에 자신의 품위가 떨어지는 경우를 가장 싫어했다. 그러나 후자부부에게는 그런 일이 전혀 없다. 다투어도 다음날은 즐겁게 말하고 살아간다.

정상생활로의 회복이 무척 빠른 것이다. 자존심도, 간도, 쓸개도 없는 듯했다. 어느 날 동네사람들이 후자부부에게 물어보았다. 싸우고 돌아서면 다음날 또 즐거울 수가 있냐고?

그들 부부는 이렇게 말했다.

자식들에게 이렇게 사는 것이 인생이라는 것을 보여 주고 싶었다고. 그렇다 똑같은 신뢰와 사랑을 바탕으로 사는 두 부부였지만 다른 것이 분명하다.

전자부부의 신뢰와 사랑이 줄기수준이라면 후자부부는 뿌리수준이라는 것이다.

후자부부는 상대방이 품위가 떨어지는 언행을 하거나 실수를 저질러 자존심이 상해도 기꺼이 용서하고 이해해야 한다는 절대적 신뢰와 사랑을 움켜쥐고 있었기에 서로에게 욕설을 하는 위트까지도 서로가 즐기는 수준이 되어 버렸다.

그러나 전자부부는 완벽을 꿈꾸는 부부여서 상대의 잘못이 느껴지면 서로가 서로를 용서하지 못할 부분이 있었던 것이다.

서로 완벽해야 하니 남들이 보기는 좋아보여도 그 품위를 지키며 살아가야 하니 힘든 부분도 있을 것이다. 전자부부는 어느 날 갑자기 이혼했다. 그리고 어디로 갔는지 알 길도 없다. 전자부부는 진실에 집착하며 사랑했고 후자부부는 진정성에 방점을 두고 사랑했던 것이다.

정치인도 마찬가지다. 정치지도자는 통섭의 소통력이 필요하다.

상대의 정당이 자존심이나 인격이 무시당하는 발언으로 수없이 공격해도 침묵으로 참는 지도자가 통섭의 소통력을 갖고 있는 자다.

관계가 좋아질 때까지는 대변인을 통해 감정대립이 될 수 있는 맞대응은 반드시 자제해야 한다. 맞대응을 하면 할수록 갈등과 분열의 늪으로 빠져들고 국민들은 싸잡아 빈정된다. 국민들이 바보라고 아우성을 쳐도 진정 바보처럼 견뎌야 한다. 그것이 바로 신정치의 현명함이다. 그래야만 대화하고 토론할 수 있는 시기가 그 만큼 앞당겨진다.

후자부부가 자녀를 위하듯 국민을 위하여!

노트

_____

_____

_____

_____

_____

_____

_____

_____

_____

_____

노트

Section

07

신개념의 리더십

001

신개념의 리더십

조직을 잘 이끈다고 해서 모두 다 진정한 리더라 말할 수 없다. 조폭두목을 리더라고 할 수 없는 이유도 여기에 있다. 자신이 이끄는 조직의 물질적 풍요나 이익만을 목표로 하고 그 목표가 다른 조직에게 누를 끼친다면 이미 진정한 리더가 아닌 오너일 뿐이다. 주위 조직과 원원하지 못하는 리더십은 진정한 리더십이 아니라는 것이다. 그러한 리더십은 힘과 실력의 논리로 잠시 동안의 찬사를 받겠지만 세월이 흐르면 흐를수록 사회에 정신적 분열과 물질적 양극화를 초래하는 변질된 리더십일 뿐이다.

이러한 변질된 리더들은 자신의 힘과 실력을 주위사람들에게 보여 주는 것을 최상의 즐거움으로 생각하고 있다. 이와 같이 개인적 성공과 출세의 개념에 젖어 있는 한 가난한 서민을 위한 지혜와 능력이 나올 수가 없다는 것이다. 그렇다면 신개념의 리더십이란 무엇일까?

리더십의 종류는 다양하지만 진정한 리더십은 3가지 철학을 확실하게 실행하는 자만이 획득할 수 있다.

첫째, 물질은 곧 권력과 힘이라는 개념에 사로잡혀서는 안 된다. 현실이 그렇다

하더라도 이겨내야 한다. 부의 축적에 조금이라도 미련을 가지고 있다면 진정한 리더가 되려는 꿈을 버려라. 재산을 축적하는데 즐거움을 느끼거나 자손의 상속에 뿌듯한 가치를 느끼는 자가 어찌 대중의 행복에 진정한 관심을 가질 수가 있는가? 자신의 달변으로 아무리 리더십을 강조하고 유명세를 타고 있어도 변질된 리더십인 것이다. 이런 자가 정치나 교육이나 사법의 리더에 자리 잡으면 그 국가의 문화적 발전은 더 이상 기대할 수가 없다.

둘째. 인문학적 설득력이 탁월해야 한다. 물질탐욕에 몰입되어 있는 대중들에게 삶의 새로운 시각을 일깨우고 물질탐욕에 성공하여 축적한 갑부들에게 사회환원의 당위성을 감동시키는 논리를 통섭해야 한다. 이러한 설득력을 위해 엄청난 지식과 사색과 체험으로 조합된 지혜 그리고 탁월한 카리스마와 배려가 요구된다.

셋째. 각계각층의 어느 누구라도 진정으로 대화할 수 있는 소통력이 있어야 한다. 특히 두 부류의 계층에 좀 더 많은 대화가 필요하다. 바로 인문학적 학문이 깊은 자이고 가난에 허덕이는 자이다. 일회성이 아닌 끊임없는 만남의 장을 마련해야 한다.

위의 3가지 요건 중 하나라도 갖추지 못한 리더가 정치나 교육이나 사법의 리더로 자리한 국가는 희망이 없다. 그러한 리더는 열정적 개혁에 박차를 가할수록 잠시 동안은 국민의 인기를 독차지할 수는 있어도 결국 국가의 미래가 혼돈에 빠지게 된다.

국민들이여!

정치나 교육이나 사법의 리더를 선출할 때 가장 먼저 배제시켜야 할 대상을 아는가? 바로 탐욕의 증거품(큰 재산)을 가지고 있는 자다. 그런 자는 아무리 지혜롭게 보여도 이미 변질된 이성 속에 파묻혀 있기에 대중들이 소망하는 바를 절대로 이룩해 낼 수가 없다.

노력과 땀의 목표가 갑부라고 확신하는 탐욕의 논리로 어찌 진정한 나눔의 제도를 활성화시키는 리더십을 발휘할 수가 있겠는가?

노트

- -
- -
- -
- -
- -
- -
- -
- -
- -

002
교육이란 무엇인가?

인간은 동물에 비해 탁월한 호기심을 가지고 있어 앎은 더욱 깊어 갔고 성대의 기적으로 언어가 발달되면서 논리가 탄생되었다.

논리와 논리는 끝없이 연결되어 합리를 만들고 학습의 문을 열었다. 바로 인간문화의 핵심인 교육문화의 탄생이다.

그러나 앎의 논리는 두 가지 형태로 존재한다.

암기와 기교를 통해 얻어진 지식과 그 지식을 사색과 체험으로 발효시킨 지혜다. 전자는 개인의 생존에 초점이 맞추어져 출세와 물질을 얻는데 주로 사용되었고 후자는 개인과 사회의 사랑과 화합을 위해 영혼을 풍요롭게 만드는데 주로 사용되었다.

교육은 이 두 가지의 앎의 논리를 절묘하게 배합하여 개인과 사회가 원원의 행복을 누리게 하는데 그 목적이 있다. 품질이 좋은 건축자재를 다양하고 무한하게 가지고 있어도 스스로가 이를 연결시키지 못하면 집을 지을 수가 없듯이 출세와 물질축적에 초점을 둔 지식은 아무리 풍부해도 목표달성에 대한 충족감일 뿐 진정한 행복이라 말할 수 없다는 것이다.

오늘날의 교육제도가 그렇다. 행복은 고사하고 인문을 몰락시키는 수준이다. 나눔과 예술과 화합을 중시하는 사랑논리보다는 축적과 기교와 분열로 향하는 생존논리에 치중해 있다. 개인과 사회의 소통보다는 개인의 성공에 집중되어 있기 때문이다. 부모들도 자녀의 성공에만 열을 올리며 생존논리의 교육을 원하고 있고 교육자 또한 그러한 생존논리위주의 교육에 잘 적응하여 살아남은 자들로만 채워져 있다. 봉건시대 교육제도보다 더 심각한 상태다.

특히 사법, 행정, 외무와 같은 국가의 각 분야별 지도자들은 사색과 체험위주의 사랑논리가 탁월한 자로 채워져야 함에도 암기와 기교위주의 생존논리를 집중적으로 공부한 자가 리더가 된다. 이와 같이 정치나 사회분야에 생존논리가 탁월한 리더만으로 채워지면 모든 조직이 출세와 탐욕의 논리에 빠져들며 부정부패로 얼룩지는 국가로 향할 수밖에 없다.

가슴은 멀리하고 머리만 굴리는데 집중된 오늘날의 교육시스템 속에서 성장한 리더들 중에 어찌 국민을 뜨거운 심장으로 감동시킬 수 있는 리더가 나오겠는가? 이제 리더십 교육을 최우선 과제로 삼는 교육시스템으로 전환하여 정치와 사회의 갈등과 분열과 부조리를 치유해야 한다.

그렇다면 교육이란 무엇인가? 개인적 출세보다는 사회적 화합을 더 중시하는 앎을 일깨워 지구촌이 하나로 소통되는 문화를 창조해 내는 학습시스템의 총체다.

003
속물이란 무엇인가?

　재벌이나 왕족은 유사한 병을 지니고 있다. 형제간의 권력다툼으로 원한과 음모와 암살까지 저지른다. 대부분의 재벌들이 부자지간이나 형제간 싸움으로 뉴스거리가 되고 비리나 횡령의 정보가 누설되어 감옥에 가거나 형제나 부모 자식이 평생 원수로 지내는데 뉴스에 나오지 않은 재벌이나 부자들도 그 내면을 들여다보면 크게 다를 바가 없다.

　평소에는 지성인의 가면을 쓰고 있지만 자신의 재산과 개인의 명예에 관한 손익을 관해서는 타당치 못한 행위를 과감하고 서슴없이 저지른다. 대표적인 속물들이다. 그러나 그들은 자신이 속물이 아니라고 생각한다. 능력이라고 착각하며 살아가는 것이다. 그리고 자본주의가 들어선 이후 인간의 절대다수가 편향된 교육과 사회시스템으로 인해 속물로 변질되어 있다.

　속물이란 지식과 성실과 신뢰와 직위와 인품에 무관하게 자신의 행복을 과도한 물질축적에서 찾으려는 의식에 굳어 버린 자이니까. 속물들은 삶의 잣대가 물질의 양이라는 개념에 빠져 있기에 가난한 자에게는 부정적 측면만 보이고 부자에게는

긍정적 측면만 보인다.

그래서 부자들과 인연맺기에 혈안이 되어 있다. 이러한 속물들의 행복찾기는 황혼에 접어들면서 후회한다. 진정한 친구들이 하나 둘 떠나가 버리고 주위에는 속물들만 꽉 차 있다는 사실을 깨닫기 때문이다.

심지어 자신의 속물적 근성을 가장 오랫동안 학습 받은 배우자까지 속물로 변해 있으니 얼마나 불행한 일인가?

지금부터 4인 가족을 기준으로 얘기를 해 보자.

우리가 살아가는데 물질은 절대적이다.

첫째는 먹는 것이다.

4인 가족이 한 달 동안 맛있게 먹는데 2백만 원 정도면 족하다.

둘째는 주택이다.

거품이 있는 특정지역을 제외하면 5억 정도면 매우 훌륭하다.

셋째는 의류와 기본 공과금이다.

한 달에 1백만 원 정도면 족하다.

넷째는 기타 문화교육비다.

한 달에 1백만 원 정도면 족하다.

그렇다면 5억짜리 주택에 3억의 저축금과 승용차와 각종 살림을 합한 재산총액이 약 10억에 월 소득 4백만 원인 가정이라면 더 이상의 물질축적에 삶의 가치를 둘 필요가 없는 엄청난 풍요다.

의류나 기본공과금 그리고 문화교육비 외에 긴급의료비 등이 예상치를 넘거나 외식비가 증가해도 저축금의 이자만으로도 충당할 수 있다.

이러한 풍족한 여건 속에서도 물질만족을 느끼지 못한다면 사치와 과시와 허세에 중독되어 있는 속물일 수밖에 없다. 만일 20억의 개인재산을 가지고도 30억의 재산으로 늘리고 싶어 나눔을 외면하고 물질을 위한 시간에 열정을 바치고 있다면 아무리 정직하고 성실하며 믿을 수 있는 자라고 해도 속물의 완결판인 것이다.

성공한 속물은 많은 물질을 축적한 자신의 인내력을 내세우며 모두가 자신과 같이 성공하기를 바란다. 때로는 정의와 공평까지 강조하는 자도 있다. 자신이 초과축적을 한 만큼 주변에게 물질적 결핍과 영혼적 고통을 주고 있다는 사실은 결코 인정하려 하지 않는다.

그리고 가난한 속물들은 성공한 속물들의 자신만만함에 오히려 고개를 숙이고 가까이 빌붙어 있으려는 마음을 가지고 있다. 마치 뱀을 잡아먹는 황소개구리의 모습에 찬사를 보내며 언젠가는 자신도 황소개구리가 될 것이라는 꿈에 젖어 파괴되어 가는 생태계의 앞날이 자신의 목을 조르게 된다는 사실을 전혀 모르는 못난 개구리의 모습과 같다.

만일 대다수의 서민들이 성공한 속물을 물질에만 매료된 이중인격자로 보는 영혼적 깨우침이 있다면 성공한 속물들은 과도한 물질축적을 부끄러워하며 나눔의 사회에 앞장서는 진정한 자로 변화되어 갈 것이다.

그러나 오늘날 대중들의 대다수는 성공한 속물들을 부러워하는 속물이 되어 버렸거나 자신만큼은 속물이 아니라고 확신하며 속물들을 비난하고 있는 속물도 있다. 속물의 정의를 명쾌하고 완벽하게 가르치지 않고 성공만을 노래했던 오늘날의 학교교육과 가정교육 그리고 사회문화 탓이다. 구정치인의 의식에 문제가 있었던 것이다. 신정치인은 반드시 기억해야 한다.

004
능력의 4대 요소

우리가 생존과 사랑에 진정성을 다 해야 하는 이유는 무엇일까?

그것은 인문이 시작된 두 줄기 원류이고 그 원류 속에서만 삶의 보석인 행복을 캐낼 수가 있으며 그 행복을 캐내기 위한 필수요건이 바로 진정성이기 때문이다.

연인사랑, 부부사랑, 자식사랑, 이웃사랑, 회사사랑 친구나 선후배 그리고 사제지간의 사랑, 자연사랑 등이 진정해야 하는 이유다.

이와 같이 진정성의 시각과 상황 그리고 환경적 여건은 너무나 제각각이고 다양하다. 그러므로 그때마다 진정성의 모양과 향기 또한 타당해야 하기에 이를 충족시키기 위해서는 지식과 사색과 체험을 통해 배우고 익혀 그 다양성을 균형 있게 연결시키는 것이다.

그것이 바로 정신과 육체를 아우르는 교육이며 깨달음이다. 이러한 다양한 생존방식과 사랑의 지혜를 철저히 깨우친 자는 자신이 원하는 삶의 방향으로 달려가는데 매우 자연스러우며 거침이 없고 자신감을 잃지 않는다.

누구와도 깊고 폭넓은 '맞춤형 소통'이 가능하기 때문이다. 그리고 자신은 물론이고 주변사람들까지 깨우치게 하여 행복을 함께 공유하게 만든다.

자신과 사회가 함께 만족감을 느끼는 능력을 갖추는 것이다.

그 능력은 4가지의 요소로 나누어진다.

첫째. 판단력이다.

판단력은 지식과 사색과 체험의 탁월한 배합으로 달성되며 추리력, 상상력, 수치력, 암기력, 사고력, 통찰력 등의 판단원소로 이루어져 있다. 너와 나의 소통을 위한 원초적 깨우침 그 자체다.

둘째. 결단력이다.

결단력은 용기와 안목의 배합으로 달성되며 정의, 지조, 의리 냉정 등의 결단원소로 이루어져 있다. 너와 나의 소통을 통해 화합의 터전을 마련하기 위해 주어진 상황에 따른 적절한 결단을 내리는 힘이다.

판단력이 탁월하면 명쾌한 결단력이 나오기 마련이다. 그러나 판단력이 부족한 결단력은 자신과 사회를 혼란의 구렁텅이로 밀어넣는 원흉이다.

셋째. 설득력이다.

설득력은 표현과 승복의 배합으로 달성되며 언어구사력, 연기력, 겸손, 솔직 등의 설득원소로 이루어져 있다. 표현력이란 올바른 결단임에도 그 결단의 의미가 주위사람에게 잘 전달되지 못해 소통에 문제가 생길 경우 그 결단의 상황을 설명해 나가는 힘이다. 그리고 승복력이란 결단이 잘못되었을 경우(인간이기에) 가장 적절한 시기에 그 결단이 잘못되었음을 주위 사람에 알리고 이해과 용서를 구하는 소통의 힘이다.

넷째. 친화력이다.

친화력은 사랑과 이해의 배합으로 달성되며 위트, 예의, 용모, 개성 등의 친화원소로 이루어져 있다. 소통의 여건을 성숙시키기 위해 자신의 진정성을 알리는 힘이다. 이것은 물질과 성공을 목표로 한 포장된 친화력(사교술)과는 전혀 다르며 판단력과 결단력 그리고 설득력이라는 3대 요소에 진정성을 주입시켜 주변사람들과 긴 세월을 대화하고 토론하여 발효되는 힘이다.

짧은 기간에 달성하려는 사교술이야말로 물질과 직위탐욕을 앞세운 변질된 친화력이며 결국 자신과 사회를 불신과 불통으로 몰아붙여 인간과 인간 사이를 이간질시키는 원흉이 된다.

005

능력교육과 실력교육

인간교육도 실력과 능력의 철학적 의미를 잘 살펴 교육의 지침으로 삼아야 한다. 예를 들면 초·중등과정은 개인성향을 가진 실력위주의 교육보다. 사회성향을 가진 능력위주의 교육을 우선적으로 실시해야 한다.

어린 시절에 실력위주의 교육만을 집중하면 사회전체를 보지 못하는 절름발이 인생을 만들 가능성이 크다. 춤과 음악과 미술과 스포츠와 견학위주의 교육을 더욱 강화시켜 화합의 원리부터 철저히 가르쳐야 한다는 의미다.

태어남이란 누구나 예외 없이 백지 한 장만을 획득하는 것과 같다. 그곳에 자신의 그림을 그리며 삶을 완성해 나간다고 할 때 능력은 그 백지 위에 전체적인 구도를 짜맞추는 작업이고 실력은 그 구도 위에서 자신이 더욱 강조하고 싶은 부분에 구체적이고 섬세한 색칠을 해내는 작업이다.

아무리 개성이 넘치고 섬세하며 강렬한 그림도 전체적인 구도가 잘 짜여 있지 못하면 그림의 가치가 없는 것처럼 고등교육을 받기 전에 인생구도를 잡아주는 능력교육이 우선되지 않으면 진정한 행복에 대한 가치관이 잘못 이해되어 지거나 굴절되어 편향된 인생관을 꿈꾸기 쉽다.

더 심각한 문제는 한번 색칠이 들어간 백지는 전체적인 구도를 다시 짜기 힘들 듯 평생교육을 시켜도 편향된 인생관을 되돌리기가 어렵다는 것이다. 교육이 천년대계인 이유다.

노트

_ _

_ _

_ _

_ _

_ _

_ _

_ _

_ _

_ _

_ _

006

리더십 교육이란 무엇인가?

교육의 목표는 인간의 행복에 있다. 행복을 위해 배운다. 열심히 배워서 불행해진다면 학교도 교육도 아무런 의미와 가치가 없다. 그러나 반드시 기억해 두어야 할 것이 있다.

행복은 철두철미한 법칙을 지니고 있다. 나만의 행운은 있어도 나만의 행복이란 존재하지 않는다는 것이다. 정치인이나 법조인 그리고 교육인을 도저히 신뢰할 수 없고 강도나 조폭이나 유괴범 그리고 살인범이 들끓으며 테러가 자행되는 사회에서 나 자신만이 행복해질 수가 없다는 것이다.

사회가 행복의 기본적 여건을 갖추고 있어야 한다. 그러한 여건을 갖추기 위해서는 그 사회 구성원들의 마음이 중요하다. '나의 행복은 사회의 행복과 맞물려 있다'라는 개념에 확신을 가지고 있어야 한다는 것이다.

이러한 개념이 깊은 자일수록 사회에 대한 관심이 많다. 사회를 이끌어 나가는 능력 즉 리더십에 대한 관심이다.

그러므로 리더십은 리더만이 갖추어야 하는 것이 결코 아니다. 참다운 리더를 판별하는 능력과 그 리더에게 힘을 실어주는 능력까지도 리더십에 포함된다. 모든 열

매에는 씨앗이 있듯이 리더십 또한 마찬가지다.

진정한 교육은 사회 구성원 모두에게 리더의 씨앗을 품도록 돕는 것이다.

물과 영양분이 적절히 공급되면 언제라도 큰 재목으로 성장하는 씨앗처럼 누구라도 리더로 발탁되면 리더십을 발휘할 수 있는 교육이어야 한다.

리더십은 윤리나 도덕처럼 나만의 한계에 가두어진 소극적 개념이 아니다. 나를 위해 '우리'라는 공동체의 품격을 중시하는 적극적 개념이다. 이것이 바로 교육의 가장 핵심적인 가치다.

학교는 기본적 리더십을 가르치는 방안을 제도화하는데 가장 역점을 두어야 한다.

공부 중에 리더십 공부를 그 어떤 공부보다도 최우선적으로 중요시해야 한다. 기본적 리더십 교육이 바로 서지 않으면 나의 행복과 사회의 행복과는 별개의 문제라고 생각하는 자가 많아지며 개인의 직위와 물질축적을 최상의 목표로 두는 사회로 향한다.

그런 사회는 양극화로 치닫고 갈등과 분열이 끊이질 않아 결국 모두가 불행해질 수밖에 없다. 인성보다 지식을 최우선으로 하는 교육으로 직위와 출세와 부자를 만드는데 골몰하는 학교는 이미 교육이 아니며 갈등사회를 만드는 전초기지일 뿐이다.

지식보다 주변과 소통을 잘하는 리더십을 갖춘 자가 국가의 높은 직위에 올라 있어야 행복한 사회를 만들 수가 있는 것이다.

이러한 사회를 완성하기 위해 리더십 교육의 제도화는 너무나 중요하다. 그리고 그 방안은 너무나 간명하다. 어떤 주제를 올려놓고 대화와 토론 그리고 발표를 통해 기본적 리더십을 길러내면 된다.

꾸준한 대화와 토론과 발표는 사랑과 정의와 화합과 공평의 철학적 의미를 다

양한 각도로 사색하고 체험하는 분위기를 만들어 내어 흔들리지 않는 리더십으로 서서히 확립된다.

이러한 리더십 능력을 일반 과목처럼 점수제로 평가하는 학점시스템을 구체화시켜 진학과 취업에 크게 반영하는 교육제도가 너무나 절실하다.

노트

＿ ＿ ＿ ＿ ＿ ＿ ＿ ＿ ＿ ＿ ＿ ＿ ＿ ＿ ＿ ＿ ＿

＿ ＿ ＿ ＿ ＿ ＿ ＿ ＿ ＿ ＿ ＿ ＿ ＿ ＿ ＿ ＿ ＿

＿ ＿ ＿ ＿ ＿ ＿ ＿ ＿ ＿ ＿ ＿ ＿ ＿ ＿ ＿ ＿ ＿

＿ ＿ ＿ ＿ ＿ ＿ ＿ ＿ ＿ ＿ ＿ ＿ ＿ ＿ ＿ ＿ ＿

＿ ＿ ＿ ＿ ＿ ＿ ＿ ＿ ＿ ＿ ＿ ＿ ＿ ＿ ＿ ＿ ＿

＿ ＿ ＿ ＿ ＿ ＿ ＿ ＿ ＿ ＿ ＿ ＿ ＿ ＿ ＿ ＿ ＿

＿ ＿ ＿ ＿ ＿ ＿ ＿ ＿ ＿ ＿ ＿ ＿ ＿ ＿ ＿ ＿ ＿

＿ ＿ ＿ ＿ ＿ ＿ ＿ ＿ ＿ ＿ ＿ ＿ ＿ ＿ ＿ ＿ ＿

＿ ＿ ＿ ＿ ＿ ＿ ＿ ＿ ＿ ＿ ＿ ＿ ＿ ＿ ＿ ＿ ＿

＿ ＿ ＿ ＿ ＿ ＿ ＿ ＿ ＿ ＿ ＿ ＿ ＿ ＿ ＿ ＿ ＿

007

인성교육이란 무엇인가?

오늘날 인간사회의 교육시스템은 두 가지로 대별된다. 개인의 생존을 위한 교육과 사회적 화합을 일깨우는 교육이다. 전자는 생존경쟁에서 살아남기 위한 직업교육이며 후자는 사랑과 행복에 직결된 인성교육인 것이다.

직업을 위한 전공교육은 엄청난 발전이 있었다. 그러나 인성교육제도는 참으로 심각하다. 인성교육 시스템이 조상들의 것보다도 더 무너져 내렸고 그 교육을 담당해야 하는 선생조차 퇴화되어 버렸다. 인성교육의 핵심적 뿌리는 외면한 체 사상이나 윤리나 도덕의 열거와 암송만이 거품처럼 부풀려 있으니 학생들의 공감을 만들어 내지 못하고 있다.

잘 살기 위해 물질과 문명의 교육에 너무나 편중하다 보니 '어떻게 살 것인가?'라는 영혼과 문화의 교육을 너무나 홀대하여 문화적 창의성까지 퇴화시키고 있다.

오늘날의 첨단문명과 인구급증 속에서도 옛 조상과 같은 창조적 문화인이 출현하지 못하는 이유 또한 여기에 있다. 그렇다면 인성교육의 핵심은 무엇인가?

대화와 토론 그리고 질문과 답변의 다양화와 성숙화다. 그 속에는 '인의예지신용'의 연결고리와 균형추가 완벽히 들어 있다.

이제는 학생들의 질문을 적극적으로 유도하며 서로의 토론을 극대화시킬 수 있는 선생이 필요하다. 선생도 학생도 모두 완벽할 수 없고 서로가 배우는 관계이며 대화와 토론과 질문의 성숙을 위해 최선을 다해야 한다.

선생이든 학생이든 모르는 것은 서로가 모른다 해야만 진정한 앎을 찾고 소통의 즐거움을 얻는다.

대화와 토론과 질문이 없는 강의식 인성교육은 설득력도 없고 자기중심적이고 독선적 성격의 소유자를 배출시키며 인간의 이중성을 증폭시킨다.

그 이중성은 물질과 문명의 공격에 너무나 허약하기에 그 어떤 지식인일지라도 물질탐욕의 세계에 빠져든다.

인성교육은 인간의 이성 속에 존재하고 있는 이중성을 뽑아내고 그 여백에 양면성이 스며들게 하는 교육이며 리더십 교육의 승패를 좌우하는 기본적 교육이다.

008

오늘날 인성교육이 무의미한 이유

　인간의 본성 속에는 자제력을 잃거나 사납고 거친 측면도 있지만 멋과 아름다움의 원액 또한 내재되어 있다. 아이들이 노는 모습과 행동의 내면을 깊이 들여다보면 더욱 확연해 진다. 그리고 누구나 어릴 적 추억을 '행복했다'고 말한다. 그 이유는 간명하다. 주위 아이들과 먹고 어울리는데 필요한 물질 이외의 물질에 대해 주판을 튕기거나 탐욕을 부리지 않았던 것이다. 그리고 물질이 넘치면 곧 바로 주위와 나누며 평생을 살아가는 자들을 보면 부럽고 존경스럽다. 이와 같이 행복한 삶의 진정한 목표가 명백하게 나와 있음에도 지금 그대는 어떤 행복을 꿈꾸고 있는가? 인간이 동물과 달리 매우 긴 세월을 통해 이성의 원리를 배우고 익히는 것은 성인이 되어서도 어릴 적 본성위주의 삶을 더욱 윤택하게 하기 위함이며 인성교육은 바로 이러한 목표가 바탕이 되어야 한다.

　인간은 첫째도 둘째도 사회적 동물 이전에 문화적 동물이며 교육적 동물이라는 의미다. 그러므로 교육을 백년대계로 보는 것은 경솔하며 적어도 천년대계임을 명심해야 한다. 그러나 오늘날의 인성교육은 이러한 참 교육의 가치를 상실한 지 오

래다. 본성의 품격을 위해 이성이 필요함에도 이성이 본성을 지배하려는 구인문적 인성교육이 인간의 이중성만 키우는 결과를 초래했다는 것이다.

본성을 이성으로 받쳐 주는 교육을 받은 자는 물질탐욕이 없고 화합과 공평의 원칙을 우선하는 성공에 초점을 둔 삶을 영위하기에 멋과 아름다움의 원액을 발효시켜 사랑과 나눔을 듬뿍 담아낸다. 그러나 이성으로 본성을 억제하는 인성교육은 예를 갖추는 표피적 품격은 탁월해 질 수 있지만 멋과 아름다움을 뿜어내는 본성의 원액이 빠져 있기에 물질을 최우선으로 하는 성공에 집착하는 이중성에 걸려들기 쉽다.

이성이라는 가위로 본성을 재단해 버리는 인성교육이니 그 이성적 '인의예지신용'에 무슨 진정성이 있겠으며 무슨 매력이 나오겠는가?

오늘날 인성교육이 학생들에게 외면당하고 조소당하는 이유다.

참된 이성의 원리를 터득하는 목적은 본성속의 미성숙 인자(자제력을 잃거나 거친 행동)를 선별 조절하여 본성의 품격을 올리는데 있음에도 구인문(구정치의 뿌리)은 이성이 본성을 지배하는 논리에만 몰입했고 그 결과 성공과 물질탐욕을 분리시키지 못한 것이다.

여기에서 변질된 이성이 파생되었고 '물질만 넘치면 무조건 행복해진다'는 변질된 성공개념을 대중에게 주입시켰다.

그리고 변질된 이성을 극대화시켜 물질축적에만 성공한 자들은 '가난한 자는 게으르고 무능하며 부자는 부지런하고 똑똑하다'는 협의적이고 이분법적인 개념에 빠져 있으니 어찌 진정한 사랑과 나눔을 실천하리오.

009

정치인재가 보이지 않는 이유

두 가지다.

첫째는 탐욕을 심어주는 교육 시스템이다. 한국에는 여러 분야의 인재들이 많다. 매우 다양하게 분포되어 있다. 세계를 장악할 수준이다. 학구열이 대단하기 때문이다. 그런데 정치 쪽에는 인재가 거의 없다. 왜 그럴까? 즐거워서 하는 지구력위주의 교육이 아니라 개인적 명예나 출세에 촛점이 맞추어진 인내력위주의 교육이기 때문이다. 쉽게 말하면 하기 싫어도 억지로 참고 해야만 사회에 나가서 인정받는 교육시스템이다.

이런 교육시스템은 자신도 모르게 인내한 만큼 보상받으려는 심리를 갖게 하고 결국 탐욕만 키우는 교육으로 귀결된다. 배운 자들이 탐욕이 더많은 이유다. 정의와 양심을 최고의 보루로 생각해야 하는 정치인재는 인내력위주의 교육시스템으로는 배출시킬 수가 없다. 진정한 정의로움은 인내력보다는 지구력에서 나오기 때문이다. 인내력 위주의 교육은 정의로움보다는 승리나 성공을 우선하는 교육이기에 정의로움을 중요하게 생각하지 않는 삶으로 향하게 되어 있다. 정의로움을 어리석음으로 폄하하는 사회분위기는 인내력 위주의 교육에서 파생되어 국민의 정체성이 된다. 그러므로 겉으로는 정의를 외치면서도 사회는 정의가 실현되지 않는다. 정치인도 국민도 모두 인내력 위주의 교육을 받고 개인의 명예나 성공에만 매달리는 습성이 뿌리 깊이 박혀 있기 때문이다.

그렇다면 지구력 위주의 교육은 어떤 교육일까?

리더십 교육이 대표적이다. '리더십'이라는 과목을 설정하고 국영수를 합한 정도의 가치를 점수로 반영해 주면 된다. 누구나 리더가 되는 것을 좋아하고 이를 위해 무엇을 해야 하며 정의로움이 리더의 기본이라는 경험을 체험하게 되면 그 교육의 정체성이 사회로 나가도 그대로 유지될 가능성이 높으며 그들 중에서 신정치인들이 배출되기 시작한다. 한마디로 오늘날 교육시스템은 정치의 근본인 인간애를 외면했다. 교육이 정치인재를 막고 있는 형국이다. 탐욕의 꼭대기를 부여잡고 자존심에 집착하는 이들은 정치인재가 될 수 없다. 엘리트의 절대다수가 탐욕자로 교육받았으니 정치인재가 나올 수가 없는 것이다. 이러한 교육시스템을 대대적으로 개혁하기 힘들다면 우선적으로 정치사관학교를 세워야할 정도로 정치수준이 심각하다.

둘째는 탐욕에 빠진 정치시스템이다. 구정치인들은 지역의 유지들을 정당의 당원으로 끌어들여 정치자금을 얻어 쓰는데 심혈을 기울인다. 돈이 많이 들어가는 정치시스템이기에 공천의 대가도 헌금이라는 형식으로 받는다. 결국 돈이 없으면 정치인으로 가는 길을 막아 버리는 역할에만 충실했다. 머리가 좋아 공부를 잘해서 돈 많이 벌려는 자만 골라서 정치무대에 세우는 일에만 몰두했으니 결국 탐욕자만 골라서 정치무대를 메우는 격이다. 정치에 돈이 많이 들어가는 정치형태를 유지하려 하니 이 같은 인재가 모이지 않는 모순의 극치를 보이고 있는 것이다. '효율적 선거공영제'가 가장 시급한 이유다. 모두들 탐욕에 빠져 이러한 중요한 제도 하나 강력하게 실행하려는 정치인이 없다. 교육자와 정치인은 참회해야 한다.

노트

010

'리더십' 과목이라는
혁명적 발상

대화와 토론과 발표 그리고 질문과 답변에는 인문의 모든 것이 들어 있다. 그 속에서 리더십이 자라난다. 리더십은 다수의 마음속을 가장 세밀하게 읽어 내어 그들이 생각하는 바를 연결시켜 이끄는 능력이다.

'리더십'이라는 과목이 학점으로 반영되는 교육이 절실한 이유다.

리더십 과목은 일반과목의 3배 이상의 가치로 점수에 반영하여 진학과 취업까지 그 가치가 인정되어야 한다.

리더란 말만 잘하는 자가 아니며 어눌하더라도 자신의 생각을 효율적으로 보여주어 조직의 화합과 단결을 이끌어내는 자이기에 이러한 성적반영(300점 이상)은 매우 타당하다.

문제는 점수에 대한 합리적인 평가시스템이다. 반드시 수직적 평가와 수평적 평가로 나누어야 한다. 수직적 평가는 담임교육자에게 맡기고 20%만을 반영하면 된다. 그리고 수평적 평가는 토론이나 발표나 학교생활을 근거로 '진정성과 인간성과 설득력이 탁월한 친구의 이름을 순서대로 적으시오.'라는 질문으로 반의 친우들이 서로를 무기명 평가하여 그것을 등급으로 타당하게 나누고 80%를 반영한다. 수직적 평가와 수평적 평가에 대한 비율(20%와 80%)은 교육자의 주관이나 부모의 치맛바람을 미연에 차단시키고 반의 친구들이 서로를 가장 섬세하게 알고 있다는 원칙을 중시하기 위해서다. 이러한 리더십 교육평가를 학과점수에 실질적으로 반영하면 학교분위기와 학부모의 자세부터 달라지기 시작한다.

일반과목에 대한 공부도 중요하지만 자신의 인간적인 면모를 더욱 중시하게 되고 자식을 성공시키기 위해 온몸을 던지는 학부모들은 새로운 리더십 교육에 대한 개념에 눈을 뜨게 된다.

부모들은 자녀들에게 이렇게 말하게 될 것이다. '애야 공부도 좋지만 춤과 노래 그리고 운동도 잘해야 한다. 특히 대화와 토론과 발표를 잘하기 위해 독서와 사색을 하고 틈틈이 여행도 해야 한다. 그리고 항상 진정한 모습과 재치를 보여 주려 최선을 다 하고 음식도 나누어 먹고 즐겁고 밝은 대화를 나눌 줄 알아야 한다. 그래야만 원하는 대학에 갈 수가 있단다.'

이러한 기본적 리더십 교육과목을 중·고등교육 과정을 통해 6년 정도 비중 있게 반영하다 보면 대학교육에 가서는 실력위주의 교육과정만을 해도 된다.

리더십 교육으로 몸에 스며든 사회성향의 뿌리가 튼튼하여 밝고 건강한 인간사회의 기반을 형성하게 된다. 이러한 리더십 교육을 받은 아이들이 사회에 나오게 되면 그 사회를 이끄는 리더들의 가치관 속에는 직위와 물질탐욕만을 집착하는 자들이 급속히 줄어들고 타당치 못한 직업(밀수, 마약, 퇴폐업소, 도박, 불량식품업 등)을 해서라도 성공해 보겠다는 자들이 급속히 사라진다. 오늘날 다수의 젊은이들이 '돈이 모든 것을 해결한다.'는 논리를 철칙으로 삼고 돈을 벌기 위해서라면 무엇이라도 하겠다고 두 눈을 부릅뜨고 있는 것도 리더십 교육의 결핍 때문이다.

리더십 교육이라는 간단한 교육제도의 발상이 훗날 신정치인의 배출을 급증시키고 교육과 사회혁명의 핵심적 토대가 된다는 것을 그대는 눈치채고 있는가?

노트

- -
- -
- -
- -
- -
- -
- -
- -
- -
- -

011

교육제도의 역발상

교육은 천년대계이기에 부모와 정치지도자는 자녀와 대중의 교육에 무한책임을 지고 있다.

교육을 제대로 받지 못한 인간은 동물의 본능보다도 더 추악한 모습으로 변할 수 있기 때문이다.

그러므로 정치인은 누구나 정치철학 이전에 교육철학을 확고히 갖추어야 한다.

자신의 교육철학을 교육책임자(장관)에게 명확히 제시하고 참다운 교육시스템을 설계하고 추진하는데 핵심적인 역할을 해야 하기 때문이다.

정치지도자의 교육철학이 결여되어 있으면 교육제도의 불합리성이나 모순성이 교육자의 능력을 묶어 버리기에 아무리 유능한 교육자라도 교육에 대한 열정과 의욕이 식어 버린다는 것이다.

정치인은 '올바른 교육제도야말로 훗날 올바른 정치 사회 경제 문화를 만드는 초석'이라는 사실을 진리처럼 생각해야 한다. 이러한 개념에서 교육의 역발상을 상상해 볼 필요가 있다.

고등교육을 마친 학생들에게 약 2년 정도 사회체험에 뛰어들게 한 후 대학에

입학하게 하는 제도다.

이 제도는 다음과 같은 6가지 장점이 있다.

첫째. 순풍과 폭풍 그리고 단비와 땡볕이 있기에 곡식과 열매가 여물고 익듯이 학문도 혹독한 사회체험의 여백을 거치면 더욱 능동적이고 적극적인 학습의지가 나타나서 매우 효율적인 교육이 된다.

둘째. 사회체험을 통해 안정된 직장을 얻은 자들 중에는 대학을 진학하지 않는 자도 있으므로 그만큼 입시경쟁도 사라진다. 그리고 대학이 취업의 장으로 변질되는 것을 막고 학문의 상아탑으로 돌아갈 수 있다.

셋째. 스스로가 학비를 마련할 수 있는 여건이 마련되어 학문에만 전념할 수 있고 독립의지가 강해지며 학부모들의 학자금 고통도 덜게 된다.

넷째. 사회생활을 통해 조직에 대한 현실적 경험을 얻게 되면 판단력이 업그레이드되고 자신의 적성을 더 확연히 알게 되어 소신과 주관에 근거를 둔 전공분야를 택하게 된다.

다섯째. 국민들에게 일하며 공부하는 평생교육의 개념을 주고 학문을 마친 후 바로 사회로 배출된 자들보다 사회적응도가 매우 높아 국가경제 발전에도 이롭다.

여섯째. 사회체험을 한 후 학문에 정진한 자는 창의력이 높아 분야마다 대 학자가 배출될 확률이 높아진다. 이러한 교육제도를 시행한다면 중고등학교 6년을 5년으로 줄이고 대학생활 4년을 3년으로 줄여도 세계에서 가장 경쟁력있는 젊은이가 탄생될 것이다. 이러한 역발상 제도는 서둘러 전면개혁하면 반드시 실패한다. 시간을 갖고 일부지역에 시범적으로 실시하여 지켜본 후 점차 보완 확대해 가는 점진적 교육개혁으로 풀어가야만 한다. 대자연이 가르쳐 준 진화의 이치처럼.

012

양극화 해소를 위한
신정치적 혁명

누구나 성공하길 원한다. 목표를 세워 열심히 일하고 새로운 영역에 도전하며 끝없는 창의력을 발휘하는 것도 성공을 위한 열정이라 말할 수 있다.

성공을 통해 자신의 삶을 풍요롭게 만들 수 있기 때문이다. 특히 후손들의 안정된 삶까지도 충족시키니 어찌 성공을 외면하랴. 물론 성공했다고 해서 모두 행복할 수는 없다. 바늘이 가는 곳에 실이 가듯 성공을 하면 과잉물질이 따르고 그 물질에 집착하여 속물적 성공인으로 변질되어 버리면 불행을 자초하기 쉽다.

그것은 마치 명분에 의해 얻어진 실리임에도 실리에만 빠져 버리면 결국 명분을 잃어 버리는 결과를 초래하는 것과 같다. 성공하여 과잉물질을 쥐고 있는 자의 주위에는 탐욕자들이 몰려들고 예전부터 알고 있던 어진 자들조차도 탐심을 가지게 되니 자신의 주위에서 진정한 자를 찾기란 하늘에 별따기다. 그러므로 성품이 예민해지거나 사나워지고 의심이 늘어나며 자신도 모르게 물질탐욕에 더욱 심취하면서 서서히 불행해지는 것이다.

그래도 어쩔 것인가? 엄청난 재산을 바다에 던지겠는가? 결국 자녀들에게 고스란히 상속시켜 주는 방법 외에 다른 방도가 없다.(물론 성공인들 중의 극소수는 전재산을 사회로 환원하기도 한다.) 엄청난 재산축적은 가문의 영광이며 명예의 상징처럼 여겨 왔던 전통과 관습에서 벗어나기 힘들기 때문이다. 그렇다면 이러한 엄청난 재산을 상속받은 자녀들은 과연 행복할까? 성공의 체험도 없이 물려받은 과잉물질에 중독되면 '어깨 힘주기'에 바빠 '영혼다듬기'를 소홀히 하게 되어 지혜롭지 못한 삶이 될 수밖에 없다. 과잉물질을 상속해 준 부모들로부터 불행의 업보까지 함께 받은 것이다.

이와 같이 가난한 자들은 물질이 결핍되어 불행하게 되고 부자들은 과잉물질로 불행하게 되니 사회전체가 불행하다.

양극화를 해소시키는 것이 바로 국민화합이요, 국민행복인 이유는 바로 여기에 있다.

그렇다고 해서 부자들에게 높은 세율의 부유세를 만들어 가난한 자들을 위한 복지제도의 재정을 마련하려는 1차 방정식만으로는 문제가 풀리지 않는다. 나무만 보고 숲을 보지 못하는 제도인 것이다.

부자에게 설득력이 없고 강요만하는 조세제도나 복지시스템은 오히려 실패한다. 조세저항이나 기업의욕저하 그리고 국외이주나 재산해외유출 등의 부작용을 초래하여 경제가 위축되고 일자리가 줄어드는 악순환으로 연결되어 복지재정이 더욱 어려워질 수 있다.

결국 사회적 갈등과 분열만 심화시킬 뿐이다. 부자와 가난한 자 사이에 연결고리를 만들어 서로의 가치관을 이해해 주고 인정하는 '물질순환시스템'을 자연스럽게 구축해야만 진정한 나눔과 화합의 사회를 이룩할 수가 있다.

　엄청난 재산을 자녀들에게 상속하여 대를 이으려는 부자들의 '자녀사
랑'에 걸맞는 사회시스템을 합리적으로 조성시켜 재산상속의 패러다임을
변화시키면 사회복지정책과 연결된다.

　물질탐욕에 집착하여 서로 다투는 자녀들을 바라보며 '엄청난 재산을
상속해 주는 것보다 더 현명한 방법이 없을까?' 하고 고뇌하는 부자들이
의외로 많기 때문이다.

　**국가는 그들의 고뇌를 덜어줄 수 있는 '사회 환원복지제도'를 만들어 유산상속에
대한 새로운 개념을 갖게 한다면 성공에 대한 그들의 진정성과 국가재정의 건전성
이 동시에 높아져 양극화 해소에 결정적 역할을 하게 될 것이다.**

　**그렇다면 '사회 환원복지제도'란 무엇일까? 세계적으로 명성을 얻은 학자나 정치
지도자 그리고 엄청난 재산을 국가에 헌납하는 자들의 후손들에게 풍요의 삶을 보
장해 주는 복지(교육, 교통, 의료, 문화, 스포츠, 결혼,장례 등)제도다. 이 제도는 자
신의 성공은 물론이고 진정한 가문의 영광과 명예를 안겨줌으로서 성공에 대한 개
인의 욕망과 복지에 대한 국가재정을 동시에 해결할 수 있는 원원의 제도가 될 것
이다.**

　**'사회 환원복지제도'의 구체적인 예를 들어보자. 이 복지제도에 자격요건을 갖춘
자의 후손에게 유아원부터 대학원까지의 전교육과 해외유학(5년) 그리고 국내 각
종 교통수단과 국외항공편(년 20회) 그리고 요람에서 무덤까지의 의료와 국가에서
운영하는 모든 문화 스포츠 시설 등을 국가가 책임지는 제도다.**

　사회 환원복지제도는 다음과 같이 5단계로 구분한다.

　첫째. 6대 직계 손(고 고손)까지 평생 복지혜택이 주어지는 경우.

　1. 전인류가 존경하는 세계적 명성을 얻은 학자.

2. 대통령에 당선되어 임기의 절반 이상을 마친 자.

3. 세금납부액 전국 1위를 5회 이상 기록한 기업주.

4. 1조원 이상의 재산을 국가에 헌납한 자.

단 본인의 직계가 없거나 원하지 않고 '국민나눔'을 원할 경우 50명까지 선택권이 주어지며 1, 2항의 경우 10년이 지난 후 평가투표에서 국민의 60% 이상의 지지를 받아야 한다.

그리고 4항의 경우 초과헌납금 100억 원당 1명의 국민을 추가 선정할 수 있다.

둘째. 5대 직계 손(고손)까지 평생 복지혜택이 주어지는 경우.

1. 세금납부액 전국 1위를 2번 이상 기록하고 10년 이상 존속한 기업주.

2. 세금납부금이 전국 10위권에 5회 이상 진입한 자.

3. 2000천억의 재산을 국가에 헌납한 자.

단 본인의 직계가 없거나 원하지 않고 국민나눔을 원할 경우 20명까지 선택권이 주어지며 3항의 경우 초과헌납금 100억 원당 1명의 국민을 추가 선정할 수 있다.

셋째. 4대 직계 손(증손)까지 평생 복지혜택이 주어지는 경우.

1. 세금납부액이 전국 100위권에 10회 이상 진입한 자.

2. 500억의 재산을 국가에 헌납한 자.

단 본인의 직계가 없거나 원하지 않고 국민나눔을 원할 경우 10명까지 선택권이 주어지며 2항의 경우 초과헌납금 100억 원당 1명의 국민을 추가 선정할 수 있다.

넷째. 3대 직계 손(손자)까지 평생 복지혜택이 주어지는 경우.

1. 세금납부액이 전국 500위권에 10회 이상 진입한 자.

2. 100억의 재산을 국가에 헌납한 자.

3. 국회의원이나 장관을 10년 이상 수행한 자.

단 본인의 직계가 없거나 원하지 않고 국민나눔을 원할 경우 3명까지 선택권이 주어지며 2항의 경우 초과헌납금 50억 원당 1명의 국민을 추가 선정할 수 있다.

다섯째. 자녀에게 평생 복지혜택이 주어지는 경우.

1. 세금납부액이 전국 1000위권에 10회 이상 진입한 자.

2. 30억의 재산을 국가에 헌납한 자.

단 본인의 직계가 없거나 원하지 않고 국민나눔을 원할 경우 2명까지 선택권이 주어지며 2항의 경우 초과헌납금 30억 원당 1명을 추가 선정할 수 있다.

'국민나눔'의 경우에 본인이 의사결정을 할 수 없는 상황이 발생하면 배우자, 자녀 순으로 선택권한이 승계된다.

이러한 '사회 환원복지제도'가 국가 법률로 정립되어 있으면 재산상속의 문제로 괴로워하거나 고민하는 부자들은 관심을 가지게 되고 기업들 또한 국가발전과 기업투자 활성화 그리고 세수증대와 재정건전성에 큰 기여를 하게 될 것이다.

그리고 부자들이 진정으로 존경받는 사회분위기가 저절로 형성되어 사회화합의 핵심적인 실마리가 되며 세계적 복지제도의 모델이 될 것이다.

이와 같이 전 인류가 공감하는 '혁명적인 사회제도'를 만들어 지구촌 전체의 전통과 관습으로 승화시켜 나갈 때 비로소 전 인류의 행복시대가 도래된다.

이것이 바로 신정치적 개념의 양극화 해소방안의 대표적 사례.

013

신삼권분립과 검찰의 멍에

지금으로부터 270여 년 전 프랑스의 몽테스키외는 삼권분립을 주장했다. 바로 국회, 정부, 사법이다. 그 시대의 정치논리로서는 가장 탁월한 미래의 정치제도였고 오늘날의 민주국가들은 이 제도를 뼈대로 삼고 있다. 그러나 뼈에 붙은 살이 잘못되어 뼈가 썩어 가고 있다.

법무부(행정부)에 소속된 검찰은 대통령의 시녀가 되어 있고 대법원장과 국회의장의 선출도 대통령의 마음에 달려 있다. 그러므로 사법부의 수장인 대법원장이나 국회의 수장인 국회의장 그리고 검찰총장은 대통령의 눈치를 볼 수밖에 없는 껍데기 삼권분립이다.

그러나 어떤 정치인도 어떤 국민도 이러한 변질된 삼권분립을 원칙대로 복원시키려는 노력을 하지 않고 있다. 정치의 근본은 고치려 하지 않고 정치의 껍질만 만지작거리고 있는 것이다.

뿌리가 썩어 가는 줄도 모르고 열매 따먹기에 혼이 빠져 있으면서 국민들에게는 나무를 튼튼하게 성장시키겠다고 노래를 부르니 어느 누가 그들을 신뢰할 수가 있단 말인가?

몽테스키외가 지하에서 대성통곡을 하고 있다. 아무튼 몽테스키외의 삼권분립은 이제 흘러간 정치이론이다. 바로 첨단 과학문명의 혜택을 받은 언론 때문이다. 지금 언론은 무서운 속도로 대중권력을 사로잡고 있다. 이제는 국정(국회와 정부)도 사법도 언론을 좌지우지할 수 없으며 그렇게 해서도 안 되는 시대다.

언론도 하나의 권력으로 독립되어야 하는 시대가 온 것이다. 바로 국정 사법 언론이라는 신삼권의 시대다.

왜냐하면 행정부의 수장인 대통령이 언론개혁을 단행해도 언론탄압으로 비춰질 수밖에 없기에 언론 스스로가 책임을 갖고 개혁할 수 있는 최고책임자가 반드시 필요하기 때문이다.

국민으로부터 권력을 위임받은 책임자가 없는 오늘날의 언론은 정의와 개혁을 부르짖는 기사나 정보는 끝없이 알려주면서도 정작 스스로의 개혁에는 손을 대지 못하고 있다. 언론개혁 과제는 산더미처럼 들이닥쳐도 개혁을 주도하는 권한을 가진 책임자가 없어 신음소리만 내고 있다.

언론이 언론을 정돈할 수 없는 언론비대증에 걸려 버린 것이다. 이제는 대통령을 선출할 때 언론원장과 대법원장을 동시에 뽑아 각자의 진정한 권력분립으로 소통과 화합과 균형을 이끌어 내는 정치제도의 혁명적 개혁에 박차를 가해야 한다.

물론 언론원장과 대법원장의 직접선거는 대통령선거와는 달리 그 분야에 종사하는 국민에 한해서 투표권을 주는 것도 생각해 볼 만하다.

그리고 검찰조직은 행정부에서 사법부로 이전해야 한다.

이것부터 제자리를 찾지 않고는 그 어떤 정치개혁도 새빨간 거짓말이다.

대통령이 임명한 법무부장관이 검찰조직을 이끄는 정치제도에서 검찰중립을 바라는 것은 콩밭에서 팥을 기다리는 격이고, 임명받은 자가 임명한 자를 제대로 조사하기를 기대하는 것은 고양이에게 생선가게를 맡기고 기도하는 격이다.

행정부내에서의 검찰조직에서 고위직 간부로 승진하기 위해서는 양심과 정의를 앞세울 수가 없다. 권력자에 편승하는 전략에 집중해야만 가능하다. 그리고 정권이 바뀌면 편승한 고위직은 후배검사들에게 된서리를 맞을 수밖에 없는 슬픈 조직이다.

사법부로 이양하면 정치지도자가 아닌 대법원장에 의해 임명되기에 능력에 따라 승진이 가능하여 입사 때의 양심과 정의를 계속 유지할 수가 있다. 대통령 친인척 비리를 수사 중에 수사기간이 촉박하면 대통령에게 수사기간 연장을 허락받아야 하는 특검제나 고위공직자 비리 수사처 역시 국민을 기만하는 행위일 뿐이다.

이와 같이 행정부내의 검찰조직은 이미 권력의 시녀가 될 수밖에 없는 운명을 타고났기에 정의와 공평의 철학이 굳건한 자는 그 조직의 장이 될 수없는 태생적 한계를 지닌 조직이다. 검찰조직의 잘못된 관행은 행정부내에 존재하기에 어쩔 수 없이 나타나며 이러한 관행때문에 권력자에게는 맥을 쓸 수가 없는 약점이 되어 살아있는 권력자에게 손을 대면 불명예 퇴출 말고는 그 어떤 미래도 없다.

국민들이나 정치인들은 새로운 정부가 들어설 때마다 '이번 검찰에 기대를 걸어본다.' 라고 말하지만 그때마다 실망으로 끝나는 이유도 바로 여기에 있다. 이제는 총명한 두뇌들이 가득한 검찰조직을 행정부에서 사법부로 옮겨 그들에게 이중인격자의 멍에를 벗겨 주어야 한다. 그리하여 국민들에게 정의와 공평을 마음껏 행하는 자랑스러운 검찰로 거듭날 수 있는 발판을 마련해 주어야 한다.

'검찰조직을 행정부에서 사법부로 넘긴다는 것은 말도 안 되며 있을 수도 없는 제도'라고 목청높이는 자들이 있다. 바로 구정치인과 고위공직자들이다. 이들은 사법부가 무소불위의 권력을 쥐게 될 것이라고 떠들어 댄다.

그러나 신정치인들이 늘어나면 어림 반푼어치도 없는 우려다. 부정과 비리와 반칙과 특권을 멀리하고 공평과 화합에 어울리는 법과 제도를 만드는데 온 정열을 받치는 자가 검찰조직이 어디로 가든 도대체 무슨 상관이 있다는 말인가? 힘이 없어 정부를 이끌어 갈 수 없단 말인가?

'지갑 속에 돈이 두둑하게 들어있어야 마음이 편하다.'는 탐욕적인 의식수준이다. 나를 위한 권력의 개념을 과감히 버리고 국민을 위해 권력을 사용하는 대통령이나 정치인이나 관료라면 검찰까지 거머쥔 사법부라도 전혀 두려워할 이유가 없다. 오히려 마음이 맑아지고 가벼워져 국민만 생각난다. 그리고 두려워서라도 그 만큼의 부정과 비리가 사라져서 맑은 공직사회로 변화될 가능성이 매우 크다. 비리나 범죄도 급격히 줄어 사법부의 업무도 자연스레 축소되어 무소불위의 검찰권력이 될 수도 없다.

검찰조직을 권력자가 안고 있으려는 것이야말로 가장 비정상적인 기득권이다. 이러한 기득권을 과감히 버리는 정치인이야말로 공평과 화합의 제도를 만들 수가 있다는 것이다.

대통령이 대법관과 헌법재판관들의 임명에 관여하고 검찰조직이 정부에 존속되어 있으며 대법원장이 국민에 의해 선출되지 않으면서 삼권분립이라고 말한다면 국민을 너무나 우습게 보는 것이다.

'국민을 위해 목숨이라도 바치겠다.'는 정치인들이 국민과 민주주의를 기만하는 짓이다. 제왕적 대통령제를 분권형으로 바꾸어야 한다고 노래를 부르면서 정작 신삼권분립과 검찰의 사법부 이양을 말하는 정치인이나 정치학자는 한 명도 보이지 않는다.

 뿌리가 잘못 된 나무는 결코 거목이 될 수 없고 갖은 풍파에 결국 쓰러지고 만다. 지금부터라도 '신삼권분립 연구기관'을 설립하여 신정치제도에 관한 토론과 연구에 박차를 가해서 세계를 하나로 묶는 정치제도를 만들어 나가야 할 대한민국이 아닌가?

노트

‒ ‒

‒ ‒

‒ ‒

‒ ‒

‒ ‒

‒ ‒

‒ ‒

‒ ‒

‒ ‒

‒ ‒

014
에필로그

이 책을 읽은 대다수는 '상식에 가까우며 반복이 심한 정치얘기다.' 또는 그와 반대로 '현실을 무시하는 돈키호테같은 비정상적인 글.'이라고 수근 거릴 수도 있다. 당연한 일인지도 모른다. 이 책속에는 '비정상'과 '정상'이 거꾸로 놓여 있는 경우도 많으니까. 왜 그렇게 놓여 있을까? 절대다수의 사람들이 모순으로 가득 차 있는 사회적 관행에 익숙해져 버렸으니 이를 바로 세울 정치논리가 오히려 어색하거나 비현실적이고 비정상적인 논리로 느껴질 수 밖에 없다. 이처럼 '비현실'이나 '비정상'이 음흉하게 자리매 김하고 있는 사회적 관행이 사라지지 않는 근본적 이유가 있다. 바로 자연을 깊이 이해하지 못한 시대에 만들어진 전통과 관습 때문이다. 이건 또 무슨 의미일까? 자연의 이치에 거슬리는 내면적 논리가 자연의 이치에 어울리는 외면적 논리 속에 교묘히 숨겨져 있기에 계속 모순이 튀어나오는 사회로 흘러갈 수밖에 없다는 의미다. 그것은 마치 멀쩡하게 보이는 밤 속에 애초부터 숨어 있는 벌레 때문에 썩게 되거나 피가 탁해지면(보이지는 않지만) 온몸에 복잡다양한 부작용이 서서히 나타나는 것과 같다. 간단한 예를 들어보자. 인류의 조상들은 동물과 달리 영혼에 대한 생각이 깊어 죽음과 생존에 대한 두려움이 매우 심했다. 이러한 본능적 심리를 이용해서 자연의 이치에 맞지 않는 허구적이고 과장된 개념(내세, 신, 귀신, 자연숭배 등)을 자연의 이치에 맞는 삶속에 혼합하여 주위사람들에게 주입시키는 자들이 있었다. 왜 그랬을까? 그 시대에는 두려움과 공포를 지우기 위한 유일한 방책이었고 이러한 생각이 깊어지면 질수록 주위사람들이 더 잘 따르고 신뢰를 하니 자연스레 씨족의 장을 맡게 되고 권력을 얻게 된다. 그들은 처음부터 교활하지는 않았다. 그러나 권력을 얻고난 후의 귀족적 생활에 만족하며 권력을 뺏기지 않기 위해 교활한 마음에 사로잡히기 시작한 것이다. 그리고 권력을 뺏기거나 치열해지면 다른 지역으로 가서 자리잡으면서 지구 전체로 퍼져 나가기 시작했다. 그리고 더 깊고 과장된 개념으로 발전하여 큰 궁궐과 큰 탑 그리고 화려한 의복과 거창한 제례의식 등으로 경애심을 유발시키며 대대손손까지 권력을 이어가는 정치시스템(왕권주의)을 성공시켰다. 자연의 이치에 전혀 맞지 않는 탐욕의 시스템인 것이다. 지금도 초고층건물이나 재벌의 저택 그리고 금은보화를 보고 한없이 부러워하는 심리는 이러한 전통과 관습속에 뿌리박힌 '비현실'과 '비정상'의 개념과 무관하지 않다는 것이다.

이처럼 우리들의 진정한 삶에는 아무런 의미도 없는 것을 보고 감탄하고 경애하며 그 속에 뿌리 깊게 숨어있는 '비현실'이나 '비정상'을 느끼지 못하고 있는 것이다. 여기서 놓쳐서는 안될 매우 중요한 사실이 있다. 허구적이고 과장된 개념을 만들은 제사장들의 영혼은 그 시대적 상황에서 이해되는 측면이 있지만, 이러한 영혼을 그대로 간직한 오늘날의 정치인들이다. 바로 구정치인이다. 구정치인들은 사회적 모순 때문에 지구멸망의 날이 가까워지고 있음에도 그 원인과 경위가 스스로에게 있는 것도 모른 채 개인적 명예에 집착하며(그들은 결코 그렇지 않다고 화를 내겠지만) 정치를 하고 있으니 너무나 안타깝다. 그들은 국가나 사회에 결코 도움을 주지 못하는 자이면서도 스스로는 사회에 큰 도움을 줄 수 있는 자로 착각하며 자부심을 가지고 정치무대를 누비고 있다. 아주 간단한 예를 들어 보자. 정치의 목표는 인간의 삶에 대한 사회적 공평과 나눔이다. 좀 더 질 높은 공평과 나눔을 위해 경제와 문화의 발전이 필요한 것일 뿐이다. 쉽게 말하면 '부족하면 부족한 대로 풍성하면 풍성한 대로 공평해야 한다.' 는 것이 정치의 핵이다. 그러므로 공평과 나눔이 몸과 영혼에 배어 있지 않으면 정치의 핵이 빠져 버린 정치인이 된다. 부자들은 공평과 나눔을 스스로 거부하고 불공평와 축적을 성공적 삶의 근본으로 여기는 자들이다. 이렇게 정치의 기본적 논리부터 스스로 모순을 드러내는 자들이 어찌 정치를 잘할 수가 있겠는가? 그럼에도 불구하고 그들은 '우리가 정치를 하면 안 되는 이유가 도대체 뭐야?'라고 강한 의문이나 불만을 제기한다. 부자가 정치인이 되려하는 것 자체가 '비정상'이며 정치의 근본조차 이해하지 못하는 자인 것이다. 탐욕이 앞을 가려 무엇이 솔선수범인지도 모르니(그들은 잘 알고 있다고 단호하게 말하겠지만) 국민을 위한 정치가 근본적으로 불가능한 자들이다. 지구를 온통 뒤덮었던 왕권주의가 완전히 허물어지고(백성을 위해 목숨 바친 훌륭한 왕이 존재했어도) 민주주의가 도래된 것도 바로 서민이 아닌 귀족 또는 부자의 개념을 벗어나지 못한 정치였기 때문인 것이다. 그러나 아직까지도 구습의 개념을 버리지 못하고 세상은 거꾸로 돌아가고 있다. 돈이 없는 자가 정치무대에 나서려 하는 것은 '비현실'이고 '비정상'으로 생각한다. 정치인도 국민도 그렇게 생각하고 있다.

이제는 정치인과 국민들은 신정치의 개념으로 정치와 삶을 바라보아야 한다. 무엇이 '현실'이고 '정상'인지를 되씹어야 한다. 부를 쥐고 있는 자는 스스로가 정치무대에 어른거리지도 말아야 한다. 그리고 부자정치인을 정치무대에 올리려고 애쓰는 국민이라면 이미 후진정치의 공범임을 명심해야 한다. 지금은 비정상적 정치개념이라고 느낄 수밖에 없겠지만 한 세대만 흘러도 정상적 상식이 되어 있을 것이다. 그렇지 않으면 진정한 정치가 불가능하기 때문이다. 정치무대가 평범한 서민들로 이루어지면 많은 것이 달라지기 시작한다. 그 중에서도 가장 중요한 것이 있다. 국민들이 정치인의 진정성을 믿기 시작하는 것이다. 이러한 국민의식은 선거공영제를 적극적으로 도와줄 것이며 정치무대에 서민정치인들이 대다수를 차지하게 되어 부정부패가 자연스레 사라지고 기득권을 스스로 던져 버리는 신정치로 탈바꿈할 것이다.

그리고 이제는 민주주의 개념도 확 달라져야 한다. 약 2000~3000년 전의 역사만으로 그 개념을 규정했기에 겉논리만 화려할 뿐 모순에서 헤어날 줄을 모르는 것이다. 약 20000만년을 거슬러 올라가서 민주주의의 원본을 찾아야 한다. 공평과 나눔, 투표, 다수결, 남녀평등, 집회의 자유 등의 민주적 개념 밑에는 항상 자연주의를 근간으로 한 민주주의의 원본이 있음을 명심해야 한다는 의미다. 바로 사랑과 소통과 믿음과 용서와 이해위에서 오늘날의 민주주의 개념이 살아나야만 진정한 민주주의가 시작된다.